Das Erste Tschechische Lesebuch für Anfänger

Lilie Hašek

Das Erste Tschechische Lesebuch für Anfänger

Stufen A1 A2
Zweisprachig mit Tschechisch-deutscher Übersetzung

Das Erste Tschechische Lesebuch für Anfänger

von Lilie Hašek

Audiodateien: www.lppbooks.com/Czech/FCzR_audio/

Homepage: www.audiolego.com

Umschlaggestaltung: Audiolego Design

Umschlagfoto: Canstockphoto

3. Ausgabe

Copyright © 2014 2015 2018 Language Practice Publishing

Copyright © 2015 2018 Audiolego

Alle Rechte vorbehalten. Das Werk ist urheberrechtlich geschützt.

Obsah kapitol
Inhaltsverzeichnis

Tschechisches Alphabet 7

So steuern Sie die Geschwindigkeit der Audiodateien 9

Anfänger Stufe A1 11

Kapitola 1 Mike má psa 12

Kapitola 2 Bydlí v Bremerhavenu (Německo) 15

Kapitola 3 Oni jsou Němci? 18

Kapitola 4 Můžete mi pomoct, prosím? 22

Kapitola 5 Mike teď bydlí v Německu 26

Kapitola 6 Mike má mnoho přátel 30

Kapitola 7 Stefan kupuje kolo 33

Kapitola 8 Linda chce koupit nové DVD 36

Kapitola 9 Alexander poslouchá americkou hudbu 39

Kapitola 10 Alexander nakupuje učebnice o designu 42

Kapitola 11 Mike si chce vydělat nějaké peníze (část 1) 45

Kapitola 12 Mike si chce vydělat nějaké peníze (část 2) 48

Fortgeschrittene Anfänger Stufe A2 51

Kapitola 13 Název hotelu 52

Kapitola 14 Aspirin 55

Kapitola 15 Anke a klokan 58

Kapitola 16 Parašutisté 62

Kapitola 17 Vypni plyn! 67

Kapitola 18 Pracovní agentura 71

Kapitola 19 Stefan a Mike myjí náklaďák (část 1) 75

Kapitola 20 Stefan a Mike myjí náklaďák (část 2) 79

Kapitola 21 Vyučovací hodina 83

Kapitola 22 Alexander pracuje ve vydavatelství 86

Kapitola 23 Kočičí pravidla 90

Kapitola 24 Týmová práce 94

Kapitola 25 Mike a Stefan si hledají novou práci 98

Kapitola 26 Ucházení se o místo v Bremerhavener Nachrichten 105

Kapitola 27 Policejní hlídka (část 1) 111

Kapitola 28 Policejní hlídka (část 2) 116

Kapitola 29 Škola pro zahraniční studenty (ŠZS) a au pair 121

Česko-německý slovník 125

Německo-český slovník 140

Buchtipps 154

Tschechisches Alphabet

Buchstabe	Name	Aussprache (IPA)	Beispiel
A a	á	/a/	aber
Á á	dlouhé á	/aː/	Jahr
B b	bé	/b/	Bus
C c	cé	/ts/	Zitrone
Č č	čé	/tʃ/	Tschechisch
D d	dé	/d/	Danke
Ď ď	ďé	/ɟ/	Kodiaq
E e	é	/ɛ/	elf
É é	dlouhé é	/ɛː/	Mehl
Ě ě	ije, é s háčkem	/ɛ/, /jɛ/	jemand
F f	ef	/f/	Fenster
G g	gé	/g/	Gera
H h	há	/ɦ/	nahe
Ch ch	chá	/x/	Buch, ich
I i	í, měkké í	/ɪ/	bin
Í í	dlouhé (měkké) í	/iː/	nie
J j	jé	/j/	Jagd
K k	ká	/k/	kalt
L l	el	/l/	leben
M m	em	/m/	Mensch
N n	en	/n/	Nase
Ň ň	eň	/ɲ/	Cognac, Lasagne
O o	ó	/o/	Hotel

Buchstabe	Name	Aussprache (IPA)	Beispiel
Ó ó	dlouhé ó	/oː/	**O**hr
P p	pé	/p/	**P**lan
Q q	kvé	/kv/	**q**uark
R r	er	/r/	**r**asend, **R**ettich
Ř ř	eř	/r̝/	-
S s	es	/s/	da**ss**
Š š	eš	/ʃ/	**Sch**ale
T t	té	/t/	**T**isch
Ť ť	ťé	/c/	Por**t**ier, **T**antiemen
U u	ú	/u/	L**u**ft
Ú ú	dlouhé ú, ú s čárkou	/uː/	B**u**ch
Ů ů	ů s kroužkem	/uː/	B**u**ch
V v	vé	/v/	**W**ind
W w	dvojité vé	/v/	**W**ind
X x	iks	/ks/	e**x**tra
Y y	ypsilon, krátké tvrdé í	/ɪ/	F**i**sch
Ý ý	dlouhé ypsilon, dlouhé tvrdé í	/iː/	R**ie**se
Z z	zet	/z/	Na**s**e
Ž ž	žet	/ʒ/	D**sch**ungel, **J**ournalist

Die Betonung liegt grundsätzlich auf der ersten Silbe des Worts.

So steuern Sie die Geschwindigkeit der Audiodateien

Das Buch ist mit den Audiodateien ausgestattet. Die Adresse der Homepage des Buches, wo Audiodateien zum Anhören und Herunterladen verfügbar sind, ist am Anfang des Buches auf der bibliographischen Beschreibung vor dem Copyright-Hinweis aufgeführt.

Wir empfehlen Ihnen, den kostenlosen VLC-Mediaplayer zu verwenden, die Software, die zur Steuerung der Wiedergabegeschwindigkeit aller Audioformate verwendet werden kann. Die Steuerung der Geschwindigkeit ist auch einfach und erfordert nur wenige Klicks oder Tastatureingaben.

Android: Nach der Installation vom VLC Media Player klicken Sie auf die Audiodatei am Anfang eines Kapitels oder auf der Homepage des Buches, wenn Sie ein Papierbuch lesen. Wählen Sie "Open with VLC". Wenn Sie Schwierigkeiten beim Öffnen von Audiodateien mit VLC haben, ändern Sie die Standard-App für den Musik-Player. Gehen Sie zu Einstellungen→Apps, wählen Sie VLC und klicken Sie auf "Open by default" oder "Set default".

Kindle Fire: Nach der Installation vom VLC Media Player klicken Sie auf eine Audiodatei am Anfang eines Kapitels oder auf der Homepage des Buches, wenn Sie ein Papierbuch lesen. Wählen Sie "Complete action using →VLC".

iOS: Nach der Installation vom VLC Media Player kopieren Sie den Link zu der Audiodatei am Anfang eines Kapitels oder auf der Homepage des Buches, wenn Sie ein Papierbuch lesen, und fügen Sie ihn in den Download-Bereich des VLC Media Players ein. Nachdem der Download abgeschlossen ist, gehen Sie zu "Alle Dateien" und starten Sie die Audiodatci.

Windows: Starten Sie den VLC Media Player und klicken Sie auf die Audiodatei am Anfang eines Kapitels oder auf der Homepage des Buches, wenn Sie ein Papierbuch lesen. Gehen Sie nun in die Wiedergabe (Playback) und navigieren Sie die Geschwindigkeit.

MacOS: Starten Sie den VLC Media Player und klicken Sie auf die Audiodatei am Anfang eines Kapitels oder auf der Homepage des Buches, wenn Sie ein Papierbuch lesen. Nun, navigieren Sie zum Playback und öffnen die Optionen von Geschwindigkeit. Navigieren Sie die Geschwindigkeit.

Anfänger Stufe 1A

1

Mike má psa

Mike hat einen Hund

 A

Slovní zásoba

Vokabeln

1. a - und
2. černý - schwarz
3. čtyři - vier
4. hezký - schön
5. hodně - viel
6. hotel - das Hotel; hotely - die Hotels
7. hvězda - der Stern
8. já - ich
9. jeden - ein
10. jeho - sein, seine; jeho postel - sein Bett

11. kniha - das Buch
12. kočka - die Katze
13. kolo - das Fahrrad
14. malý - klein
15. mít - haben
16. on/ona/ono má - er/sie/es hat; (On) má knihu. Er hat ein Buch.
17. modrá - blau
18. můj, moje - mein, meine, mein
19. ne (zápor) - nicht
20. nos - die Nase
21. nový - neu
22. obchod - der Laden; obchody - die Läden
23. okno - das Fenster; okna - die Fenster
24. oko - das Auge; oči - die Augen
25. on - er
26. oni, ony - sie
27. park - der Park; parky - die Parks
28. pera - die Stifte; pero - der Stift
29. pes - der Hund
30. pokoj - das Zimmer; pokoje - die Zimmer
31. postel - das Bett; postele - die Betten
32. sen - der Traum
33. slovo, slovíčko - das Wort, die Vokabel; slova, slovíčka - die Wörter, die Vokabeln
34. stoly - die Tische
35. student - der Student; studenti - die Studenten
36. stůl - der Tisch
37. také, taky - auch
38. tento, tato, toto - dieser, diese, dieses; tato kniha - dieses Buch
39. text - der Text
40. tyto - diese (Pl.)
41. ulice (sg.) - die Straße; ulice (pl.) - die Straßen
42. velký - groß
43. zápisník - das Notizbuch; zápisníky - die Notizbücher
44. zelený - grün

B

Mike má psa

1. Tento student má knihu. 2. Má také pero.

3. Bremerhaven má mnoho ulic a parků. 4. Tato ulice má nové hotely a obchody. 5. Tento hotel má čtyři hvězdičky.

6. Tento hotel má mnoho hezkých velkých pokojů. 7. Ten pokoj má mnoho oken. 8. A tyto pokoje nemají mnoho oken. 9. Tyto pokoje mají čtyři postele. 10. A ty pokoje mají jednu postel. 11. Ten pokoj nemá mnoho stolů. 12. A ty pokoje mají mnoho velkých stolů.

Mike hat einen Hund

1. Dieser Student hat ein Buch. 2. Er hat auch einen Stift.

3. Bremerhaven hat viele Straßen und Parks.
4. Diese Straße hat neue Hotels und Läden.
5. Dieses Hotel hat vier Sterne.

6. Dieses Hotel hat viele schöne, große Zimmer. 7. Jenes Zimmer hat viele Fenster. 8. Und diese Zimmer haben nicht viele Fenster. 9. Diese Zimmer haben vier Betten. 10. Und diese Zimmer haben ein Bett. 11. Jenes Zimmer hat nicht viele Tische. 12. Und diese Zimmer haben viele große Tische.

13.Tato ulice nemá hotely. 14.Ten velký obchod má hodně oken.

15.Tito studenti mají zápisníky. 16.Mají také pera.

17.Mike má jeden malý černý zápisník. 18.Alexander má čtyři nové zelené zápisníky.

19.Tento student má kolo. 20.Má nové modré kolo. 21.Stefan má také kolo. 22.Má hezké černé kolo.

23.Alexander má sen. 24.Mám také sen. 25.Nemám psa. 26.Mám kočku. 27.Moje kočka má hezké zelené oči. 28.Mike nemá kočku. 29.Má psa. 30.Jeho pes má malý černý nos.

13.In dieser Straße sind keine Hotels. 14.Dieser große Laden hat viele Fenster.

15.Diese Studenten haben Notizbücher. 16.Sie haben auch Stifte.

17.Mike hat ein kleines schwarzes Notizbuch. 18.Alexander hat vier neue grüne Notizbücher.

19.Dieser Student hat ein Fahrrad. 20.Er hat ein neues blaues Fahrrad. 21.Stefan hat auch ein Fahrrad. 22.Er hat ein schönes schwarzes Fahrrad.

23.Alexander hat einen Traum. 24.Ich habe auch einen Traum. 25.Ich habe keinen Hund. 26.Ich habe eine Katze. 27.Meine Katze hat schöne grüne Augen. 28.Mike hat keine Katze. 29.Er hat einen Hund. 30.Sein Hund hat eine kleine schwarze Nase.

2

Bydlí v Bremerhavenu (Německo)

Sie wohnen in Bremerhaven (Deutschland)

A

Slovní zásoba

Vokabeln

1. Američan - Amerikaner
2. bratr - der Bruder
3. bydlet - leben, wohnen
4. dva (masc.), dvě (fem.) - zwei
5. hladový - hungrig; Mám hlad. - Ich habe Hunger.
6. koupit - kaufen
7. matka - die Mutter
8. město - die Stadt
9. my - wir
10. Němec, Němka - der Deutsche, die Deutsche
11. Německo - Deutschland
12. ona - sie

13. sendvič - das Sandwich
14. sestra - die Schwester
15. supermarket - der Supermarkt
16. Švýcar - Schweizer
17. Švýcarsko - die Schweiz
18. teď - jetzt, zurzeit, gerade
19. ty - du
20. v - in
21. velký - groß
22. z, ze - aus; z USA - aus den USA

B

Bydlí v Bremerhavenu (Německo)

1. Bremerhaven je velké město.
2. Bremerhaven je v Německu.

3. Toto je Mike. 4. Michal je student. 5. Teď je v Bremerhavenu. 6. Mike je z USA. 7. Je Američan. 8. Mike má matku, otce, bratra a sestru. 9. Bydlí v USA.

10. Toto je Alexander. 11. Alexander je také student. 12. Je ze Švýcarska. 13. Je Švýcar. 14. Alexander má matku, otce a dvě sestry. 15. Bydlí ve Švýcarsku.

16. Mike a Alexander jsou teď v supermarketu. 17. Mají hlad. 18. Kupují si sendviče.

19. Toto je Linda. 20. Linda je Němka. 21. Linda bydlí také v Bremerhavenu. 22. Není studentka

23. Jsem student. 24. Jsem z USA. 25. Teď jsem v Bremerhavenu. 26. Nemám hlad.

27. Ty jsi student. 28. Jsi Švýcar. 29. Teď nejsi ve Švýcarsku. 30. Jsi v Německu.

31. Jsme studenti. 32. Teď jsme v Německu.

33. Toto je kolo. 34. To kolo je modré. 35. To kolo není nové.

36. Toto je pes. 37. Ten pes je černý. 38. Ten pes není velký.

39. Toto jsou obchody. 40. Ty obchody nejsou velké. 41. Jsou malé. 42. Ten obchod má

Sie wohnen in Bremerhaven (Deutschland)

1. Bremerhaven ist eine große Stadt. 2. Bremerhaven ist in Deutschland.

3. Das ist Mike. 4. Mike ist Student. 5. Er ist zurzeit in Bremerhaven. 6. Mike kommt aus den USA. 7. Er ist Amerikaner. 8. Mike hat eine Mutter, einen Vater, einen Bruder und eine Schwester. 9. Sie leben in den USA.

10. Das ist Alexander. 11. Alexander ist auch Student. 12. Er kommt aus der Schweiz. 13. Er ist Schweizer. 14. Alexander hat eine Mutter, einen Vater und zwei Schwestern. 15. Sie leben in der Schweiz.

16. Mike und Alexander sind gerade im Supermarkt. 17. Sie haben Hunger. 18. Sie kaufen Sandwiches.

19. Das ist Linda. 20. Linda ist Deutsche. 21. Linda wohnt auch in Bremerhaven. 22. Sie ist kein Student.

23. Ich bin Student. 24. Ich komme aus den USA. 25. Ich bin zurzeit in Bremerhaven. 26. Ich habe keinen Hunger.

27. Du bist Student. 28. Du bist Schweizer. 29. Du bist zurzeit nicht in der Schweiz. 30. Du bist in Deutschland.

31. Wir sind Studenten. 32. Wir sind zurzeit in Deutschland.

33. Dies ist ein Fahrrad. 34. Das Fahrrad ist blau. 35. Das Fahrrad ist nicht neu.

36. Dies ist ein Hund. 37. Der Hund ist schwarz. 38. Der Hund ist nicht groß.

39. Dies sind Läden. 40. Die Läden sind nicht groß. 41. Sie sind klein. 42. Dieser Laden hat viele Fenster.

hodně oken. 43.Ty obchody nemají hodně oken.

44.Ta kočka je v pokoji. 45.Ty kočky nejsou v pokoji.

43.Jene Läden haben nicht viele Fenster.

44.Die Katze ist im Zimmer. 45.Diese Katzen sind nicht im Zimmer.

3

Oni jsou Němci?

Sind sie Deutsche?

A

Slovní zásoba
Vokabeln

1. ano - ja
2. dům - das Haus
3. jak - wie
4. její kniha - ihr Buch
5. kavárna - das Café
6. kde - wo
7. kluk - der Junge
8. mapa - die Karte
9. muž - der Mann
10. na - auf
11. náš - unser
12. ne - nein

13. přehrávač CD - der CD-Spieler
14. španělský - spanisch
15. to - es
16. ty/vy - du/ihr
17. v, ve - am, beim
18. všichni - alle
19. žena - die Frau
20. zvíře - das Tier

B

Oni jsou Němci?

1

- Jsem kluk. Jsem v pokoji.
- Jsi Němec?
- Ne, nejsem. Jsem Američan.
- Jsi student?
- Ano, jsem. Jsem student

2

- To je žena. Žena je také v pokoji.
- Ona je Američanka?
- Ne, není. Je Němka.
- Je studentka?
- Ne, není. Není studentka.
- To je muž. Sedí na stole.
- Je Němec?
- Ano, je. Je Němec

3

- Toto jsou studenti. Jsou v parku.
- Všichni jsou Němci?
- Ne, všichni nejsou. Jsou z Německa, USA a Švýcarska.

4

- To je stůl. Je velký.
- Je nový?
- Ano, je nový.

Sind sie Deutsche?

1

- *Ich bin ein Junge. Ich bin im Zimmer.*
- *Bist du Deutscher?*
- *Nein, ich bin nicht Deutscher. Ich bin Amerikaner.*
- *Bist du Student?*
- *Ja, ich bin Student.*

2

- *Das ist eine Frau. Die Frau ist auch im Zimmer.*
- *Ist sie Amerikanerin?*
- *Nein, sie ist nicht Amerikanerin. Sie ist Deutsche.*
- *Ist sie Studentin?*
- *Nein, sie ist nicht Studentin.*
- *Das ist ein Mann. Er sitzt am Tisch.*
- *Ist er Deutscher?*
- *Ja, er ist Deutscher.*

3

- *Das sind Studenten. Sie sind im Park.*
- *Sind sie alle Deutsche?*
- *Nein, sie sind nicht alle Deutsche. Sie kommen aus Deutschland, den USA und der Schweiz.*

4

- *Das ist ein Tisch. Er ist groß.*
- *Ist er neu?*
- *Ja, er ist neu.*

5
- To je kočka. Je v pokoji.
- Je černá?
- Ano, je. Je černá a hezká.

6
- Toto jsou kola. Jsou v domě.
- Jsou černá?
- Ano, jsou.

7
- Máš zápisník?
- Ano, mám.
- Kolik zápisníků máš?
- Mám dva zápisníky.

8
- Má pero?
- Ano, má.
- Kolik per má?
- Má jedno pero.

9
- Má kolo?
- Ano, má.
- Je její kolo modré?
- Ne, není modré. Je zelené.

10
- Máš španělskou knihu?
- Ne, nemám španělskou knihu. Nemám žádné knihy.

11
- Má kočku?
- Ne, nemá. Nemá žádná zvířata.

12
- Máte přehrávač CD?

5
- *Das ist eine Katze. Sie ist im Zimmer.*
- *Ist sie schwarz?*
- *Ja, das ist sie. Sie ist schwarz und schön.*

6
- *Das sind Fahrräder. Sie stehen beim Haus.*
- *Sind sie schwarz?*
- *Ja, sie sind schwarz.*

7
- *Hast du ein Notizbuch?*
- *Ja.*
- *Wie viele Notizbücher hast du?*
- *Ich habe zwei Notizbücher.*

8
- *Hat er einen Stift?*
- *Ja.*
- *Wie viele Stifte hat er?*
- *Er hat einen Stift.*

9
- *Hat sie ein Fahrrad?*
- *Ja.*
- *Ist ihr Fahrrad blau?*
- *Nein, es ist nicht blau. Es ist grün.*

10
- *Hast du ein spanisches Buch?*
- *Nein, ich habe kein spanisches Buch. Ich habe keine Bücher.*

11
- *Hat sie eine Katze?*
- *Nein, sie hat keine Katze. Sie hat kein Tier.*

12
- *Habt ihr einen CD-Spieler?*

- Ne, nemáme. Nemáme přehrávač CD.

13

- Kde je naše mapa?
- Naše mapa je v pokoji.
- Je na stole?
- Ano, je na stole.

14

- Kde jsou kluci?
- Jsou v kavárně.
- Kde jsou kola?
- Jsou u kavárny.
- Kde je Alexander?
- Je také v kavárně.

- *Nein, wir haben keinen CD-Spieler.*

13

- *Wo ist unsere Karte?*
- *Unsere Karte ist im Zimmer.*
- *Ist sie auf dem Tisch?*
- *Ja, sie ist auf dem Tisch.*

14

- *Wo sind die Jungs?*
- *Sie sind im Café.*
- *Wo sind die Fahrräder?*
- *Sie stehen vor dem Café.*
- *Wo ist Alexander?*
- *Er ist auch im Café.*

4

Můžete mi pomoct, prosím?

Können Sie mir bitte helfen?

A

Slovní zásoba

Vokabeln

1. adresa - die Adresse
2. ale - aber
3. banka - die Bank; Jedu do banky. - Ich gehe zur Bank.
4. číst - lesen
5. hrát - spielen
6. jít - gehen
7. mluvit - sprechen
8. moct, umět - können; Můžu/umím číst. - Ich kann lesen.
9. muset - müssen; Musím jít. - Ich muss gehen.
10. poděkovat - danken; děkuji - danke
11. položit - legen
12. pomoc - die Hilfe
13. posadit se - setzen
14. pro - für
15. prosím - bitte
16. psát - schreiben

17. smět - dürfen, können; nesmět - nicht dürfen

18. učit se - lernen

19. vzít - nehmen

B

Můžete mi pomoct, prosím?

1

- Můžete mi pomoct, prosím?
- Ano, můžu.
- Neumím napsat adresu v němčině. Mohl byste ji pro mně napsat?
- Ano, můžu.
- Děkuji.

2

- Umíš hrát tenis?
- Ne, neumím. Ale můžu se to naučit. Mohl bys mi pomoct mě to naučit se to?
- Ano. Můžu ti pomoct naučit se hrát tenis.
- Děkuji.

3

- Mluvíš německy?
- Umím mluvit a číst německy, ale neumím psát.
- Mluvíš anglicky?
- Umím mluvit, číst a psát anglicky.
- Linda mluví také anglicky?
- Ne, nemluví. Je Němka.
- Oni mluví německy?
- Ano, trochu. Oni jsou studenti a učí se německy.
- Tento kluk nemluví německy.

4

- Kde jsou?
- Teď hrají tenis.

Können Sie mir bitte helfen?

1

- *Können Sie mir bitte helfen?*
- *Ja, das kann ich.*
- *Ich kann die Adresse nicht auf Deutsch schreiben. Können Sie sie für mich schreiben?*
- *Ja, das kann ich.*
- *Danke.*

2

- *Kannst du Tennis spielen?*
- *Nein. Aber ich kann es lernen. Kannst du mir dabei helfen?*
- *Ja, ich kann dir helfen, Tennis spielen zu lernen.*
- *Danke.*

3

- *Sprichst du Deutsch?*
- *Ich kann Deutsch sprechen und lesen, aber nicht schreiben.*
- *Sprichst du Englisch?*
- *Ich kann Englisch sprechen, lesen und schreiben.*
- *Kann Linda auch Englisch?*
- *Nein, sie kann kein Englisch. Sie ist Deutsche.*
- *Sprechen sie Deutsch?*
- *Ja, ein bisschen. Sie sind Studenten und lernen Deutsch.*
- *Dieser Junge spricht kein Deutsch.*

4

- *Wo sind sie?*
- *Sie spielen gerade Tennis.*

- Můžeme si zahrát také?
- Ano, můžeme.

5

- Kde je Mike?
- Je asi v kavárně.

6

- Posaď se k tomuto stolu, prosím.
- Děkuji. Smím si na tento stůl položit své knihy?
- Ano, můžeš.

7

- Smí se Alexander posadit k jeho stolu?
- Ano, smí.

8

- Smím se posedit na její postel?
- Ne, nesmíš.
- Smí si Linda vzít jeho přehrávač CD?
- Ne. Nesmí si si vzít jeho přehrávač CD.

9

- Smí si vzít její mapu?
- Ne, nesmí.

10

Nesmíš se posadit na její postel.
Nesmí si vzít jeho přehrávač CD.
Nesmí si vzít tyto zápisníky.

11

- Musím jít do banky.
- Musíš jít teď?
- Ano, musím.

12

- Musíš se učit anglicky?
- Nemusím se učit anglicky. Musím se učit německy.

- Können wir auch spielen?
- Ja, das können wir.

5

- Wo ist Mike?
- Er ist vielleicht im Café.

6

- Setzen Sie sich an diesen Tisch, bitte.
- Danke. Kann ich meine Bücher auf diesen Tisch legen?
- Ja.

7

- Darf Alexander sich an seinen Tisch setzen?
- Ja, das darf er.

8

- Darf ich mich auf ihr Bett setzen?
- Nein, das darfst du nicht.
- Darf Linda seinen CD-Spieler nehmen?
- Nein, sie darf seinen CD-Spieler nicht nehmen.

9

- Dürfen sie ihre Karte nehmen?
- Nein, das dürfen sie nicht.

10

Du darfst dich nicht auf ihr Bett setzen.
Sie darf seinen CD-Spieler nicht nehmen.
Sie dürfen diese Notizbücher nicht nehmen.

11

- Ich muss zur Bank gehen.
- Musst du jetzt gehen?
- Ja.

12

- Musst du Englisch lernen?
- Ich muss nicht Englisch lernen. Ich muss Deutsch lernen.

13

- Musí jít do banky?
- Ne, nemusí jít do banky.

14

- Smím si vzít toto kolo?
- Ne, nesmíš si vzít toto kolo.
- Smíme položit tyto zápisníky na její postel?
- Ne. Nesmíte ty zápisníky položit na její postel.

13

- *Muss sie zur Bank gehen?*
- *Nein, sie muss nicht zur Bank gehen.*

14

- *Darf ich dieses Fahrrad nehmen?*
- *Nein, du darfst dieses Fahrrad nicht nehmen.*
- *Dürfen wir diese Notizbücher auf ihr Bett legen?*
- *Nein, ihr dürft die Notizbücher nicht auf ihr Bett legen.*

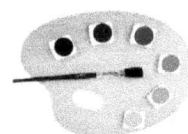

5

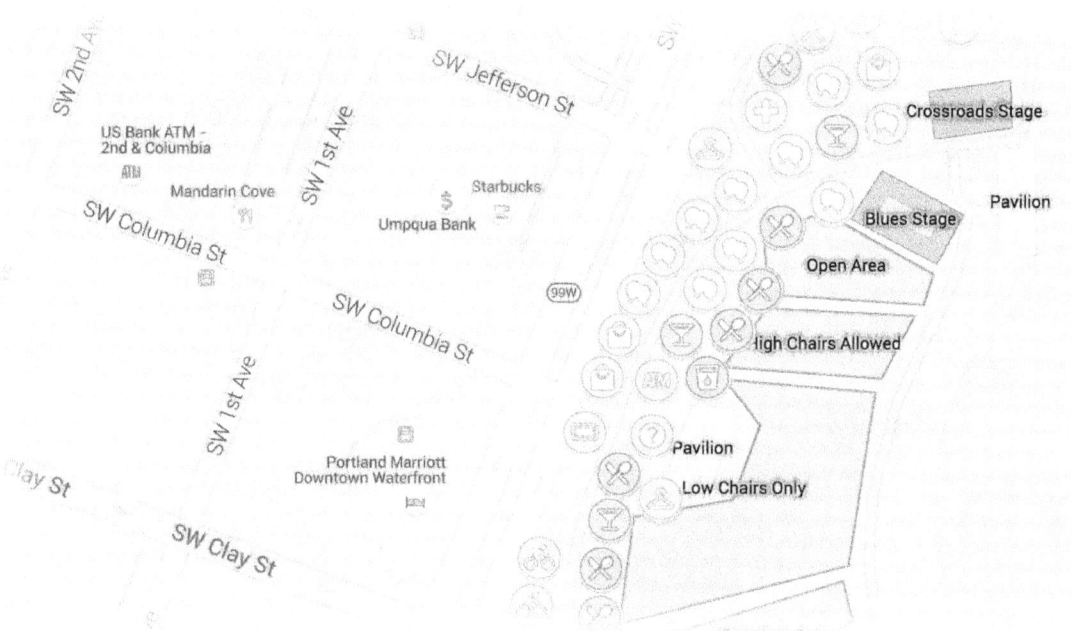

Mike teď bydlí v Německu
Mike wohnt jetzt in Deutschland

A

Slovní zásoba

Vokabeln

1. čaj - der Tee
2. chtít - wollen
3. dobrý, dobře - gut
4. farma - der Bauernhof
5. holka - das Mädchen
6. hudba - die Musik
7. jíst - essen
8. lidé - die Menschen
9. mít rád/ráda, líbit se - mögen, lieben
10. nábytek - die Möbel
11. náměstí - der Platz
12. nějaký/nějaká/nějaké - ein paar
13. noviny - die Zeitung
14. osm - acht

15. pět - fünf
16. pít - trinken
17. poslouchat - hören; Poslouchám hudbu. - Ich höre Musik.
18. potřebovat - brauchen
19. sedm - sieben

20. šest - sechs
21. snídaně - das Frühstück; snídat - frühstücken
22. tam - dort
23. tři - drei
24. židle - der Stuhl

B

Mike teď bydlí v Německu

Mike wohnt jetzt in Deutschland

1

Linda čte německy dobře. Také čtu německy. Studenti jdou do parku. Ona jde taky do parku.

Linda liest gut Deutsch. Ich lese auch Deutsch. Die Studenten gehen in den Park. Sie geht auch in den Park.

2

Bydlíme v Bremerhavenu. Alexander teď bydlí v Bremerhavenu taky. Jeho matka a otec bydlí ve Švýcarsku. Mike teď bydlí v Bremerhavenu. Jeho otec a matka bydlí v USA.

Wir wohnen in Bremerhaven. Alexander wohnt jetzt auch in Bremerhaven. Sein Vater und seine Mutter leben in der Schweiz. Mike wohnt jetzt in Bremerhaven. Sein Vater und seine Mutter leben in den USA.

3

Studenti hrají tenis. Alexander hraje dobře. Mike nehraje dobře.

Die Studenten spielen Tennis. Alexander spielt gut. Mike spielt nicht gut.

4

Pijeme čaj. Linda pije zelený čaj. Stefan pije černý čaj. Piju také černý čaj.

Wir trinken Tee. Linda trinkt grünen Tee. Stefan trinkt schwarzen Tee. Ich trinke auch schwarzen Tee.

5

Poslouchám hudbu. Sarah taky poslouchá hudbu. Ráda poslouchá dobrou hudbu.

Ich höre Musik. Sarah hört auch Musik. Sie hört gerne gute Musik.

6

Potřebuji šest zápisníků. Stefan potřebuje sedm zápisníků. Linda potřebuje osm zápisníků.

Ich brauche sechs Notizbücher. Stefan braucht sieben Notizbücher. Linda braucht acht Notizbücher.

7

Sarah se chce napít. Chci se taky napít. Alexander se chce najíst.

Sarah will etwas trinken. Ich will auch etwas trinken. Alexander will etwas essen.

8

Na stole jsou noviny. Alexander je vezme a čte si

Dort liegt eine Zeitung auf dem Tisch. Alexander

je. Rád čte noviny.

9

V pokoji je nějaký. Je tam šest stolů a šest židlí.

10

V pokoji jsou tři holky. Snídají.

11

Sarah jí chléb a pije čaj. Má ráda zelený čaj.

12

Na stole jsou nějaké knihy. Nejsou nové. Jsou staré.

13

- Je na této ulici banka?
- Ano, je. Na této ulici je pět bank. Ty banky nejsou velké.

14

- Jsou na náměstí lidé?
- Ano, jsou. Na náměstí je několik lidí.

15

- Jsou v kavárně kola?
- Ano, jsou. V kavárně jsou čtyři kola. Nejsou nová.

16

- Je na této ulici hotel?
- Ne, není. Na této ulici nejsou žádné hotely.

17

- Jsou na té ulici nějaké velké obchody?
- Ne, nejsou. Na té ulici nejsou žádné velké obchody.

18

- Jsou v Německu nějaké farmy?
- Ano, jsou. V Německu je mnoho farem.

nimmt sie und liest. Er liest gerne Zeitung.

9

Im Zimmer gibt es Möbel. Es gibt dort sechs Tische und sechs Stühle.

10

Es sind drei Mädchen im Zimmer. Sie frühstücken.

11

Sarah isst Brot und trinkt Tee. Sie mag grünen Tee.

12

Auf dem Tisch liegen ein paar Bücher. Sie sind nicht neu. Sie sind alt.

13

- Ist in dieser Straße eine Bank?

- Ja, es gibt fünf Banken in dieser Straße. Sie sind nicht groß.

14

- Sind Menschen auf dem Platz?

- Ja, auf dem Platz sind ein paar Menschen.

15

- Stehen Fahrräder vor dem Café?

- Ja, es stehen vier Fahrräder vor dem Café. Sie sind nicht neu.

16

- Gibt es in dieser Straße ein Hotel?

- Nein, es gibt keine Hotels in dieser Straße.

17

- Gibt es in dieser Straße große Läden?

- Nein, es gibt keine großen Läden in dieser Straße.

18

- Gibt es in Deutschland Bauernhöfe?

- Ja, es gibt viele Bauernhöfe in Deutschland.

19

- Je v tom pokoji nějaký nábytek?
- Ano, je. Jsou tam čtyři stoly a nějaké židle.

19

- *Sind Möbel in diesem Zimmer?*
- *Ja, es sind dort vier Tische und einige Stühle.*

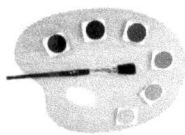

6

Mike má mnoho přátel

Mike hat viele Freunde

A

Slovní zásoba

Vokabeln

1. agentura - die Agentur
2. auto - das Auto
3. CD - die CD
4. čistý, čistotný - sauber
5. do - in
6. dveře - die Tür
7. hodně, mnoho, spousta - viel, viele; mít hodně práce - viel zu tun haben
8. káva - der Kaffee
9. kuchař/kuchařka - der Koch/die Köchin
10. mít toho hodně - viel zu tun haben
11. otec, tatínek - der Vater
12. počítač - der Computer
13. pod - unter
14. práce - die Arbeit; pracovní agentura - die Arbeitsvermittlung
15. přijít/přijet, odejít/odjet - kommen
16. přítel - der Freund
17. Stefanova kniha - Stefans Buch
18. také, taky - auch
19. volný - frei; volný čas - die Freizeit, freie Zeit
20. znát, umět - kennen

B

Mike má mnoho přátel

1

Mike má mnoho přátel. Mikovi přátelé chodí do kavárny. Rádi pijí kávu. Mikovi přátelé pijí hodně kávy.

2

Alexandrův otec má auto. Otcovo auto je čisté, ale staré. Alexandrův otec jezdí hodně. Má dobrou práci a teď má hodně práce.

3

Stefan má mnoho CD. Stefanovo CD jsou na jeho posteli. Stefanův přehrávač CD je také na jeho posteli.

4

Mike čte německé noviny. V pokoji u Mikea je na stole hodně novin.

5

Anke má kočku a psa. Kočka Anke je v pokoji pod postelí. Pes Anke je v pokoji také.

6

V tomto autě je muž. Tento muž má mapu. Mužova mapa je velká. Tento muž hodně jezdí.

7

Jsem student. Mám hodně volného času. Jdu do pracovní agentury. Potřebuji dobrou práci.

8

Alexander a Mike mají málo volného času. Jdou také do pracovní agentury. Alexander má počítač. Agentura dá snad Alexandrovi dobrou práci.

9

Linda má novou kuchařku. Lindina kuchařka je dobrá a čistá. Vaří snídani pro Lindiny děti. Anke a Stefan jsou Lindiny děti. Lindiny děti pijí hodně čaje. Matka pije trochu kávy. Matka

Mike hat viele Freunde

1

Mike hat viele Freunde. Mikes Freunde gehen ins Café. Sie trinken gerne Kaffee. Mikes Freunde trinken viel Kaffee.

2

Alexanders Vater hat ein Auto. Das Auto seines Vaters ist sauber, aber alt. Alexanders Vater fährt viel Auto. Er hat eine gute Arbeit und im Moment viel zu tun.

3

Stefan hat viele CDs. Stefans CDs liegen auf seinem Bett. Stefans CD-Spieler ist auch auf seinem Bett.

4

Mike liest deutsche Zeitungen. Auf dem Tisch in Mikes Zimmer liegen viele Zeitungen.

5

Anke hat eine Katze und einen Hund. Ankes Katze ist im Zimmer unter dem Bett. Ankes Hund ist auch im Zimmer.

6

In dem Auto ist ein Mann. Der Mann hat eine Karte. Die Karte des Mannes ist groß. Dieser Mann fährt viel Auto.

7

Ich bin Student. Ich habe viel Freizeit. Ich gehe zu einer Arbeitsvermittlung. Ich brauche einen guten Job.

8

Alexander und Mike haben ein bisschen freie Zeit. Sie gehen auch zu der Arbeitsvermittlung. Alexander hat einen Computer. Die Agentur wird ihm vielleicht eine gute Arbeit geben.

9

Linda hat eine neue Köchin. Lindas Köchin ist gut und sauber. Sie macht Frühstück für Lindas Kinder. Anke und Stefan sind Lindas Kinder. Lindas Kinder trinken viel Tee. Die Mutter trinkt ein bisschen

Anke umí říct anglicky několik málo slov. Mluví trochu anglicky. Linda má práci. Má málo volného času.

10

Mike mluví trochu německy. Mike zná velmi málo německých slov. Já znám hodně německých slov. Umím trochu mluvit německy. Tato žena zná mnoho německých slov. Umí mluvit německy dobře.

11

Elmar pracuje v pracovní agentuře. Tato pracovní agentura je v Bremerhavenu. Elmar má auto. Elmarovo auto je na ulici. Elmar má spoustu práce. Musí jet do agentury. Jede tam autem. Elmar přichází do agentury. Je tam hodně studentů. Potřebují práci. Pomáhat studentům je Elmarova práce.

12

Před hotelem je auto. Dveře tohoto auta nejsou čisté. V tomto hotelu bydlí hodně studentů. Hotelové pokoje jsou malé, ale čisté.

13

Toto je Mikeův pokoj. Okno v pokoji je velké a čisté.

Kaffee. Ankes Mutter kann nur ein paar Wörter auf Englisch. Sie spricht sehr wenig Englisch. Linda hat Arbeit. Sie hat wenig Freizeit.

10

Mike spricht wenig Deutsch. Er kennt nur sehr wenige deutsche Wörter. Ich kenne viele deutsche Wörter. Ich spreche ein bisschen Deutsch. Diese Frau kennt viele deutsche Wörter. Sie spricht gut Deutsch.

11

Elmar arbeitet in einer Arbeitsvermittlung. Diese Arbeitsvermittlung ist in Bremerhaven. Elmar hat ein Auto. Elmars Auto steht an der Straße. Elmar hat viel Arbeit. Er muss in die Agentur gehen. Er fährt mit dem Auto dorthin. Elmar kommt in die Agentur. Dort sind viele Studenten. Sie brauchen Arbeit. Elmars Arbeit ist, den Studenten zu helfen.

12

Vor dem Hotel steht ein Auto. Die Türen des Autos sind nicht sauber. In diesem Hotel wohnen viele Studenten. Die Zimmer des Hotels sind klein, aber sauber.

13

Das ist Mikes Zimmer. Das Fenster des Zimmers ist groß und sauber.

7

Stefan kupuje kolo

Stefan kauft ein Fahrrad

A

Slovní zásoba
Vokabeln

1. autobus - der Bus
   jet autobusem - mit dem Bus fahren
2. čas - die Zeit
3. centrum - das Zentrum
   centrum města - das Stadtzentrum
4. dělat, udělat (si) - machen
   kávovar - die Kaffeemaschine
5. dělník - der Arbeiter
6. dnes - heute
7. domov - das Zuhause
   jít domů - nach Hause gehen
8. firma - die Firma
   firmy - die Firmen
9. fronta - die Schlange

10. jeden po druhém - einer nach dem anderen
11. jezdit na kole - Fahrrad fahren, mit dem Fahrrad fahren
12. kancelář - das Büro
13. koupelna - das Bad, das Badezimmer; vana - die Badewanne
14. koupelnový stolek - der Badezimmertisch
15. kuchyně - die Küche
16. mýt - waschen
17. občerstvení - der Imbiss
18. obličej - das Gesicht
19. pak - dann
    poté, co - danach
20. ráno - der Morgen
21. s, se - mit
22. sobota - der Samstag
23. sport - der Sport; sportovní obchod - das Sportgeschäft, sportovní kolo - das Sportfahrrad
24. umyvadlo - die Waschmaschine

 B

Stefan kupuje kolo

Je sobota ráno. Stefan jde do koupelny. Koupelna není velká. Je tam vana, umyvadlo a koupelnový stolek. Stefan si myje obličej. Poté jde do kuchyně. Na kuchyňském stolu je konvice na čaj. Stefan snídá. Stefanova snídaně není velká. Poté si udělá kávu v kávovaru a vypije ji. Dnes chce zajít do sportovního obchodu. Stefan jde na ulici. Nastoupí do autobusu číslo sedm. Cesta autobusem do obchodu Stefanovi trvá jen chvíli.

Stefan jde do sportovního obchodu. Chce si koupit nové sportovní kolo. Je tam spousta nových sportovních kol. Jsou černá, modrá a zelená. Stefan má rád modrá kola. Chce si koupit modré. V obchodě je fronta. Stefanovi trvá dlouho, než si koupí kolo. Pak jde na ulici a vyjede na kole. Jede do centra města. Pak jede z centra města do městského parku. Jezdit na novém sportovním kole je tak hezké!

Je sobota ráno, ale Elmar je ve své kanceláři. Dnes má hodně práce. Před Elmarovou kanceláří je fronta. Ve frontě je mnoho studentů a dělníků. Potřebují práci. Jeden po

Stefan kauft ein Fahrrad

Es ist Samstagmorgen. Stefan geht ins Bad. Das Badezimmer ist nicht groß. Dort gibt es eine Badewanne, eine Waschmaschine und einen Badezimmertisch. Stefan wäscht sich das Gesicht. Dann geht er in die Küche. Auf dem Küchentisch steht ein Teekessel. Stefan frühstückt. Stefans Frühstück ist nicht groß. Dann macht er Kaffee mit der Kaffeemaschine und trinkt ihn. Er will heute in ein Sportgeschäft. Stefan geht auf die Straße. Er nimmt den Bus 7. Stefan braucht nicht lange, um mit dem Bus zum Laden zu fahren.

Stefan geht in das Sportgeschäft. Er will sich ein neues Sportfahrrad kaufen. Es gibt viele Sportfahrräder. Sie sind schwarz, blau und grün. Stefan mag blaue Fahrräder. Er will ein blaues kaufen. Im Laden ist eine Schlange. Stefan braucht lange, um das Fahrrad zu kaufen. Dann geht er auf die Straße und fährt mit dem Fahrrad. Er fährt ins Stadtzentrum. Dann fährt er vom Zentrum in den Stadtpark. Es ist so schön, mit einem neuen Sportfahrrad zu fahren!

Es ist Samstagmorgen, aber Elmar ist in seinem Büro. Er hat heute viel zu tun. Vor Elmars Büro ist eine Schlange. In der Schlange stehen viele Studenten und Arbeiter. Sie brauchen Arbeit. Sie gehen einer nach dem anderen in Elmars Büro. Sie

druhém chodí do Elmarovy místnosti. Mluví s Elmarem. Pak jim dá adresy firem.

Teď je čas na svačinu. Elmar si udělá v kávovaru kávu. Jí svou svačinu a pije kávu. Teď před jeho kanceláří není žádná fronta. Elmar může jít domů. Jde na ulici. Dnes je tak hezky! Elmar jde domů. Vezme své děti a jde do městského parku. Mají se tam hezky.

sprechen mit Elmar. Dann gibt er ihnen Adressen von Firmen.

Jetzt ist Zeit für einen Imbiss. Elmar macht Kaffee mit der Kaffeemaschine. Er isst seinen Imbiss und trinkt Kaffee. Jetzt ist keine Schlange mehr vor seinem Büro. Elmar kann nach Hause gehen. Er geht auf die Straße. Es ist so ein schöner Tag! Elmar geht nach Hause. Er holt seine Kinder ab und geht in den Stadtpark. Dort haben sie eine schöne Zeit.

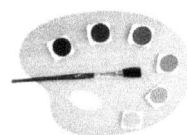

8

Linda chce koupit nové DVD

Linda will eine neue DVD kaufen

A

Slovní zásoba

Vokabeln

1. dlouhý - lang
2. dobrodružství - das Abenteuer
3. dvacet - zwanzig
4. DVD - die DVD
5. film - der Film; Film trvá více než tři hodiny. - Der Film dauert mehr als 3 Stunden.
6. hodina - die Stunde
7. hrnek, pohár - die Tasse
8. krabice - die Kiste
9. mladý - jung
10. než - als; Elmar je starší než Linda. - Elmar ist älter als Linda.

11. oblíbený - Lieblings; oblíbený film - der Lieblingsfilm
12. odjet, odejít - weggehen
13. patnáct - fünfzehn
14. podat, dát - geben
15. požádat, zeptat se - bitten, fragen
16. přátelský - freundlich
17. prodavač, prodavačka - der Verkäufer, die Verkäuferin
18. říct - sagen
19. trvat - dauern
20. ukázat - zeigen
21. velký-větší-největší - groß-größer-am größten
22. víc - mehr
23. video prodejna - die Videothek
24. videokazeta - die Videokassette
25. zajímavý - interessant
26. že - dass; Vím, že tato kniha je zajímavá. - Ich weiß, dass dieses Buch interessant ist.

B

Linda chce koupit nové DVD

Stefan a Anke jsou Lindiny děti. Anke je nejmladší dítě. Je jí pět let. Stefan je o patnáct let starší než Anke. Je mu dvacet. Anke je mnohem mladší než Stefan.

Anke, Linda a Stefan jsou v kuchyni. Pijou čaj. Pohár Anke je velký. Pohár Lindy je větší. Pohár Stefana je největší.

Linda má spoustu videokazet a DVD se zajímavými filmy. Chce si koupit novější film. Jde do video prodejny. Je zde mnoho krabic s videokazetami a DVD. Požádá prodavačku o pomoc. Prodavačka Lindě podá nějaké kazety. Linda chce vědět víc o těchto filmech, ale prodavačka odchází.

V prodejně je ještě jedna prodavačka a ta je přátelštější. Zeptá se Lindy na její oblíbené filmy. Linda má ráda romantické filmy a dobrodružné filmy. Film „Titanic" je její oblíbený film. Prodavačka ukáže Lindě DVD s nejnovějším hollywoodským filmem „Německý přítel". Je to o romantickém dobrodružství muže a mladé ženy v Německu.

Také Lindě ukáže DVD s filmem „Podnik".

Linda will eine neue DVD kaufen

Stefan und Anke sind Lindas Kinder. Anke ist die Jüngste. Sie ist fünf. Stefan ist fünfzehn Jahre älter als Anke. Er ist zwanzig. Anke ist viel jünger als Stefan.

Anke, Linda und Stefan sind in der Küche. Sie trinken Tee. Ankes Tasse ist groß. Lindas Tasse ist größer. Stefans Tasse ist am größten.

Linda hat viele Videokassetten und DVDs mit interessanten Filmen. Sie will einen neueren Film kaufen. Sie geht in eine Videothek. Dort sind viele Kisten mit Videokassetten und DVDs. Sie bittet einen Verkäufer, ihr zu helfen. Der Verkäufer gibt Linda ein paar Filme. Linda will mehr über diese Filme wissen, aber der Verkäufer geht weg.

Es gibt eine andere Verkäuferin im Laden und sie ist freundlicher. Sie fragt Linda nach ihren Lieblingsfilmen. Linda mag romantische Filme und Abenteuerfilme. Der Film „Titanic" ist ihr Lieblingsfilm. Die Verkäuferin zeigt Linda eine DVD mit dem neusten Hollywoodfilm „Der deutsche Freund". Er handelt von den romantischen Abenteuern eines Mannes und einer jungen Frau in Deutschland.

Sie zeigt Linda auch eine DVD mit dem Film „Die Firma". Die Verkäuferin sagt, dass der

Prodavačka říká, že film „Podnik" je jedním z nejzajímavějších filmů. A je to také jeden z nejdelších filmů. Trvá déle než tři hodiny. Linda má ráda delší filmy. Říká, že „Titanic" je nejzajímavější a nejdelší film, který má. Linda si koupí DVD s filmem „Podnik". Poděkuje prodavačce a odchází.

Film „Die Firma" einer der interessantesten Filme ist. Und auch einer der längsten. Er dauert mehr als drei Stunden. Linda mag längere Filme. Sie sagt, dass „Titanic" der interessanteste und der längste Film ist, den sie hat. Linda kauft die DVD mit dem Film „Die Firma". Sie bedankt sich bei der Verkäuferin und geht.

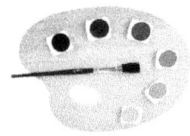

9

Alexander poslouchá americkou hudbu
Alexander hört amerikanische Musik

 A

Slovní zásoba
Vokabeln

1. asi - etwa
2. běhat, běžet - rennen, joggen, laufen
3. blízkost - die Nähe
   v blízkosti, u - in der Nähe
4. chléb - das Brot
5. den - der Tag
6. hlava - der Kopf;
   (za)mířit - gehen
7. jednoduchý - einfach
8. jméno - der Name;
   (vy)jmenovat - nennen
9. každý, každá, každé - jeder, jede, jedes

10. klobouk - der Hut
11. líbit se - gefallen;
    To se mi líbí. - Das gefällt mir.
12. máslo - die Butter
13. minuta - die Minute
14. nefunguje - außer Betrieb
15. před - vor
16. protože - weil
17. rodina - die Familie
18. skákat - springen;
    skok - der Sprung
19. (studentská) kolej - das Studentenwohnheim
20. stydět se - sich schämen;
    stydí se - er schämt sich
21. taška - die Tasche
22. telefon - das Telefon;
    telefonovat - telefonieren
23. velmi - sehr
24. věta - der Satz
25. začít - anfangen
26. zavolat, zatelefonovat - anrufen;
    volat, telefonovat - rufen;
    telefonní centrum - das Callcenter
27. zpěvák - der Sänger
28. zpívat - singen

B

Alexander poslouchá americkou hudbu

Carol je studentka. Je jí dvacet let. Carol je z USA. Bydlí ve studentské koleji. Je to velmi pěkné děvče. Carol má na sobě modré šaty. Na hlavě má klobouk.

Carol chce dnes zatelefonovat své rodině. Míří do telefonního centra, protože její telefon nefunguje. Centrum se nachází před kavárnou. Carol telefonuje se svou rodinou. Mluví se svou matkou a otcem. Volání trvá asi pět minut. Pak zavolá své přítelkyni Angele. Volání trvá asi tři minuty.

Mike má rád sport. Každé ráno běhá v parku u koleji. Dnes běhá také. Také skáče. Jeho skoky jsou velmi dlouhé. Alexander a Stefan běhají a skáčou s Mikem. Stefanovy skoky jsou delší. Alexandrovy skoky jsou nejdelší. Skáče ze všech nejlíp. Mike a Alexander pak běží na kolej a Stefan běží domů.

Mike má své snídaně ve svém pokoji. Bere si

Alexander hört amerikanische Musik

Carol ist Studentin. Sie ist zwanzig. Carol kommt aus den USA. Sie wohnt im Studentenwohnheim. Sie ist ein sehr nettes Mädchen. Carol hat ein blaues Kleid an. Auf dem Kopf hat sie einen Hut.

Carol will heute ihre Familie anrufen. Sie geht ins Callcenter, weil ihr Telefon außer Betrieb ist. Das Callcenter ist vor dem Café. Carol ruft ihre Familie an. Sie spricht mit ihrer Mutter und ihrem Vater. Der Anruf dauert etwa fünf Minuten. Dann ruft sie ihre Freundin Angela an. Dieser Anruf dauert etwa drei Minuten.

Mike mag Sport. Er geht jeden Morgen im Park in der Nähe des Studentenwohnheims joggen. Heute läuft er auch. Er springt auch. Er springt sehr weit. Alexander und Stefan laufen und springen mit Mike. Stefan springt weiter. Alexander springt am weitesten. Er springt am besten von allen. Dann laufen Mike und Alexander zum Studentenwohnheim und Stefan nach Hause.

Mike frühstückt in seinem Zimmer. Er holt Brot und Butter. Er macht Kaffee mit der Kaffeemaschine.

chléb s máslem. Na kávovaru udělá kafe. Pak si máslem namaže chleba a jí.

Mike žije na koleji v Bremerhavenu. Jeho pokoj je vedle Alexandrova pokoje. Mikeův pokoj není velký. Je čistý, protože Mike si uklízí každý den. Je zde stůl, postel, pár židlí a další nábytek. Mikeovy knihy a zápisníky jsou na stole. Jeho baťoh je pod stolem. Židle jsou u stolu. Mike veme do rukou nějaké CD a zamíří k Alexandrovi, protože Alexander chce poslouchat americkou hudbu.

Alexander je ve svém pokoji u stolu. Jeho kočka je pod stolem. Před kočkou je kousek chleba. Kočka jí chléb. Mike podá Alexandrovi CD. Na CD je nejlepší americká hudba. Alexander chce také znát jména amerických zpěváků. Mike jmenuje své oblíbené zpěváky. Jmenuje Avril Lavigne, Madonnu, Mikea Anthonyho a Jennifer López. Tyto jména jsou pro Alexandra nové.

Poslouchá CD a pak začne zpívat americké písničky. Tyto písně se mu velmi líbí. Alexander žádá Mikea o napsání slov písniček. Mike pro Alexandra napíše slova nejlepších amerických písní. Alexander říká, že se chce naučit slova některých písní a žádá Mikea o pomoc. Mike pomáhá Alexandrovi naučit se americká slova. To zabere hodně času, protože Mike neumí dobře mluvit německy. Mike se stydí. Nemůže říct některé základní věty! Pak Mike jde do svého pokoje a učí se německy.

Dann bestreicht er das Brot mit Butter und isst.

Mike wohnt im Studentenwohnheim in Bremerhaven. Sein Zimmer ist in der Nähe von Alexanders Zimmer. Mikes Zimmer ist nicht groß. Es ist sauber, weil Mike es jeden Tag sauber macht. In seinem Zimmer stehen ein Tisch, ein Bett, ein paar Stühle und ein paar andere Möbel. Mikes Bücher und Notizbücher liegen auf dem Tisch. Seine Tasche ist unter dem Tisch. Die Stühle stehen am Tisch. Mike nimmt ein paar CDs in die Hand und geht zu Alexanders Zimmer, weil Alexander amerikanische Musik hören will.

Alexander sitzt in seinem Zimmer am Tisch. Seine Katze ist unter dem Tisch. Vor der Katze liegt etwas Brot. Die Katze isst das Brot. Mike gibt Alexander die CDs. Auf den CDs ist die beste amerikanische Musik. Alexander will auch die Namen der amerikanischen Sänger wissen. Mike nennt seine Lieblingssänger. Er nennt Avril Lavigne, Madonna, Mark Anthony und Jennifer López. Diese Namen sind Alexander neu.

Er hört die CDs an und beginnt dann, die amerikanischen Lieder zu singen. Ihm gefallen die Lieder sehr. Alexander bittet Mike, den Text der Lieder aufzuschreiben. Mike schreibt die Texte der besten amerikanischen Lieder für Alexander auf. Alexander sagt, dass er die Texte von ein paar Liedern lernen will, und bittet Mike um Hilfe. Mike hilft Alexander, die amerikanischen Texte zu lernen. Es dauert sehr lange, weil Mike nicht gut Deutsch spricht. Mike schämt sich. Er kann nicht mal ein paar einfache Sätze sagen! Dann geht Mike in sein Zimmer und lernt Deutsch.

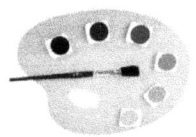

10

Alexander nakupuje učebnice o designu
Alexander kauft Fachbücher über Design

A

Slovní zásoba
Vokabeln

1. design - das Design
2. dobrý - gut
3. dobrý den - hallo
4. druh - die Art
5. jazyk - die Sprache
6. jemu, mu - ihm
7. jen, pouze - nur
8. kterýkoliv - irgendwelche
9. lekce - die Aufgabe, Lektion
10. na shledanou, nashle - tschüss
11. obrázek, fotografie - das Foto
12. opravdu, skutečně - wirklich - really
13. (po)dívat (se) - schauen, betrachten
14. program - das Programm

15. rodný jazyk - die Muttersprache
16. stát - kosten
17. studovat - studieren
18. učebnice - das Fachbuch
19. vidět - sehen
20. vybrat si, vybírat - wählen, aussuchen
21. vysoká škola - die Universität, die Uni
22. vysvětlit - erklären
23. zaplatit - zahlen

B

Alexander nakupuje učebnice o designu

Alexander je Švýcar a francouzština je jeho rodným jazykem. Studuje design na vysoké škole v Bremerhavenu.

Dnes je sobota a Alexander má spoustu volného času. Chce si koupit nějaké knihy o designu. Jde do blízkého knihkupectví. Možná mají nějaké učebnice o designu. Přijde do obchodu a dívá se na stoly s knihami. K Alexandrovi přichází žena. Je to prodavačka.

„Dobrý den. Mohu vám pomoci?" ptá se ho prodavačka.

„Dobrý den," říká Alexander, „studuji design na vysoké škole. Potřebuju nějaké učebnice. Máte nějaké učebnice o designu?" ptá se jí Alexander.

„Jaký druh designu? Máme nějaké učebnice o designu nábytku, designu aut, sportovním designu, internetovém designu," vysvětluje mu.

„Můžete mi ukázat nějaké učebnice o designu nábytku a internetovém designu?" říká jí Alexander.

„Můžete si vybrat z knih z následujících stolů. Podívejte se na ně. Toto je kniha od italského návrháře nábytku Palatina. Tento návrhář vysvětluje design italského nábytku. Také vysvětluje design nábytku v Evropě a USA. Jsou zde dobré obrázky," vysvětluje prodavačka.

„Vidím, že v knize jsou taky nějaké lekce. Tato

Alexander kauft Fachbücher über Design

Alexander ist Schweizer und seine Muttersprache ist Französisch. Er studiert Design an der Universität in Bremerhaven.

Heute ist Samstag und Alexander hat viel Freizeit. Er will ein paar Bücher über Design kaufen. Er geht zum Buchladen in der Nähe. Der könnte Fachbücher über Design haben. Er kommt in den Laden und betrachtet den Tisch mit Büchern. Eine Frau kommt zu Alexander. Sie ist eine Verkäuferin.

„Hallo, kann ich Ihnen helfen?", fragt ihn die Verkäuferin.

„Hallo", sagt Alexander. „Ich studiere Design an der Universität. Ich brauche ein paar Fachbücher. Haben Sie irgendwelche Fachbücher über Design?", fragt Alexander sie.

„Welche Art von Design? Wir haben Fachbücher über Möbeldesign, Autodesign, Sportdesign oder Internetdesign", erklärt sie ihm.

„Können Sie mir Fachbücher über Möbeldesign und Internetdesign zeigen?", fragt Alexander sie.

„Sie können sich Bücher von den nächsten Tischen aussuchen. Schauen Sie sie sich an. Dies ist ein Buch von dem italienischen Möbeldesigner Palatino. Dieser Designer erklärt das Design italienischer Möbel. Er erklärt auch europäisches und amerikanisches Möbeldesign. In dem Buch sind einige gute Bilder", erklärt die Verkäuferin.

„Ich sehe, dass das Buch auch Aufgaben enthält.

kniha je opravdu dobrá. Kolik stojí?" ptá se jí Alexander.

„Stojí 52 eur. A ke knize máte CD. Na CD je počítačový program pro design nábytku," říká mu prodavačka.

„Opravdu se mi líbí," říká Alexander.

„Nějaké učebnice o internetovém designu můžete vidět tam," vysvětluje mu žena, „Tato kniha je o počítačovém programu Microsoft Office. A tyto knihy jsou o počítačovém programu Flash. Podívejte se na tuto červenou knihu. Je o Flash a má několik zajímavých lekcí. Vyberte si, prosím."

„Kolik stojí tato červená kniha?" ptá se jí Alexander.

„Tato kniha se dvěma CD stojí pouze 43 eur," říká mu prodavačka.

„Chci si koupit tuto knížku od Palatina o designu nábytku a tuto červenou knihu o Flash. Kolik za ně musím zaplatit?" ptá se Alexander.

„Za tyto dvě knihy zaplatíte 95 eur," říká mu prodavačka.

Alexander platí. Potom si vezme knihy a CD.

„Na shledanou," říká mu prodavačka.

„Nashle," říká jí Alexander a odchází.

Dieses Buch ist wirklich gut. Wie viel kostet es?", fragt Alexander sie.

„Es kostet 52 Euro. Und mit dem Buch kommt eine CD. Auf der CD ist ein Computerprogramm für Möbeldesign", sagt die Verkäuferin.

„Das gefällt mir wirklich", sagt Alexander.

„Dort können Sie sich ein paar Fachbücher über Internetdesign anschauen", erklärt ihm die Frau. „Dieses Buch ist über das Computerprogramm Microsoft Office. Und diese Bücher sind über das Computerprogramm Flash. Schauen Sie sich dieses rote Buch an. Es ist über Flash und es enthält einige interessante Lektionen. Suchen Sie sich eins aus."

„Wie viel kostet das rote Buch?", fragt Alexander sie.

„Dieses Buch mit zwei CDs kostet nur 43 Euro", sagt die Verkäuferin.

„Ich möchte das Buch von Palatino über Möbeldesign und das rote Buch über Flash kaufen. Wie viel muss ich dafür zahlen?", fragt Alexander.

„Sie müssen 95 Euro für diese zwei Bücher zahlen", sagt die Verkäuferin.

Alexander zahlt. Dann nimmt er die Bücher und die CDs.

„Tschüss", sagt die Verkäuferin zu ihm.

„Tschüss", sagt Alexander und geht.

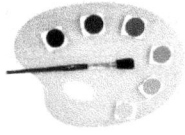

11

Mike si chce vydělat nějaké peníze (část 1)

Mike will ein bisschen Geld verdienen (Teil 1)

 A

Slovní zásoba

Vokabeln

1. část - der Teil
2. číslo - die Nummer
3. den - der Tag; každý den - täglich, jeden Tag
4. dobře, OK - gut, alles klar
5. dopis - die Notiz
6. doprava - der Transport
7. energie - die Energie
8. hodina - die Stunde; na/za hodinu - stündlich; Vydělávám 10 eur na hodinu. - Ich verdiene 10 Euro pro Stunde.
9. hodin(y) - Uhr; Jsou dvě hodiny. - Es ist zwei Uhr.
10. konec - das Ende
11. skončit - beenden
12. krabice - die Kiste
13. líp / lépe - besser

14. náklaďák - der Lastwagen
15. naložit, nakládat - beladen, nakladač - der Verlader
16. normální - normal
17. normálně - normalerweise
18. jednoho navíc - noch einen
19. odpověď - die Antwort, odpovídat - antworten, erwidern
20. personální oddělení - die Personalabteilung
21. po - nach
22. pokračování - Fortsetzung folgt
23. (po)rozumět - verstehen
24. rychlý, rychle - schnell
25. seznam - die Liste
26. těžký - schwer
27. vydělat (si) - verdienen

B

Mike si chce vydělat nějaké peníze (část 1)

Mike má každý den po škole volno. Chce si vydělat nějaké peníze. Míří do pracovní agentury. Dají mu adresu dopravního podniku. Dopravní podnik *Rapid* potřebuje nakladače. Tato práce je opravdu těžká. Ale platí 11 eur na hodinu. Mike chce vzít tuto práci. Tak jde do kanceláře dopravního podniku. „Dobrý den. Mám pro vás dopis od pracovní agentury," říká Mike ženě z personálního oddělení podniku. Dá jí dopis.

„Dobrý den," říká žena, „mé jméno je Isolde Pohl. Jsem vedoucí personálního oddělení. Jak se jmenujete?"

„Jmenuji se Mike Sullivan," říká Mike.

„Jste Němec?" ptá se Isolde.

„Ne. Jsem Američan," odpovídá Mike.

„Umíte dobře mluvit a číst německy?" ptá se.

„Ano, umím," říká.

„Kolik je vám let, Miku?" ptá se.

„Je mi dvacet let," odpovídá Mike.

„Chcete pracovat v dopravním podniku jako nakladač?" ptá se ho vedoucí personálního

Mike will ein bisschen Geld verdienen (Teil 1)

Mike hat jeden Tag nach der Universität freie Zeit. Er will ein bisschen Geld verdienen. Er geht in eine Arbeitsvermittlung. Sie geben ihm die Adresse einer Transportfirma. Die Transportfirma Rapid braucht einen Verlader. Diese Arbeit ist wirklich schwer. Aber sie bezahlen 11 Euro pro Stunde. Mike will den Job annehmen. Also geht er zum Büro der Transportfirma.

„Hallo. Ich habe eine Notiz für Sie von einer Arbeitsvermittlung", sagt Mike zu einer Frau in der Personalabteilung der Firma. Er gibt ihr die Notiz.

„Hallo", sagt die Frau. „Ich bin Isolde Pohl. Ich bin die Leiterin der Personalabteilung. Wie heißen Sie?"

„Ich heiße Mike Sullivan", sagt Mike.

„Sind Sie Deutscher?", fragt Isolde.

„Nein, ich bin Amerikaner", antwortet Mike.

„Können Sie gut Deutsch sprechen und schreiben?", fragt sie.

„Ja", sagt er.

„Wie alt sind Sie?", fragt sie.

„Ich bin zwanzig", antwortet Mike.

„Wollen Sie in der Transportfirma als Verlader

oddělení.

Mike se stydí říct, že nemůže mít lepší práci, protože neumí dobře mluvit německy. Tak říká: „Chci si vydělat 11 eur za hodinu."

„Dobře, dobře," říká Isolda, „náš dopravní podnik obvykle nemá moc nakládací práce. Ale teď opravdu potřebujeme o jednoho nakladače navíc. Zvládnete rychle naložit krabice s nákladem 20 kilogramů?"

„Ano, zvládnu. Mám spoustu energie," odpovídá Mike.

„Nakladače potřebujeme každý den na tři hodiny. Můžete pracovat od čtyř do sedmi hodin?" ptá se.

„Ano, moje vyučování končí v jednu hodinu," odpovídá jí student.

„Kdy můžete začít pracovat?" ptá se vedoucí personálního oddělení.

„Můžu začít teď," odpovídá Mike.

„Dobře. Podívejte se na tenhle ložný list. Jsou zde jména firem a obchodů," vysvětluje Isolde, „Každá firma a obchod má nějaká čísla. Jsou to čísla krabic. A toto jsou čísla náklaďáků, kam musíte naložit tyto krabice. Náklaďáky přijíždějí a odjíždějí každou hodinu. Takže musíte pracovat rychle. OK?"

„OK," odpovídá Mike, který Isolde dobře neporozuměl.

„Vezměte si tenhle ložný list a jděte do nakládacích dveří číslo tři," říká Mikeovi vedoucí personálního oddělení. Mike bere ložný list a jde do práce.

(pokračování)

arbeiten?", fragt ihn die Leiterin der Personalabteilung.

Mike schämt sich, zu sagen, dass er keine bessere Arbeit haben kann, weil er nicht gut Deutsch spricht. Deswegen sagt er: „Ich möchte 11 Euro pro Stunde verdienen."

„Na gut", sagt Isolde. „Normalerweise hat unsere Transportfirma nicht viel Verladearbeit. Aber gerade brauchen wir wirklich noch einen Verlader. Können Sie schnell Kisten mit 20 Kilogramm Ladung verladen?"

„Ja, das kann ich. Ich habe viel Energie", antwortet Mike.

„Wir brauchen einen Verlader für drei Stunden täglich. Können Sie von vier bis sieben Uhr arbeiten?", fragt sie.

„Ja, mein Unterricht endet um ein Uhr", antwortet der Student.

„Wann können Sie anfangen, zu arbeiten?", fragt ihn die Leiterin der Personalabteilung.

„Ich kann jetzt anfangen", erwidert Mike.

„Gut. Schauen Sie sich diese Ladeliste an. Dort stehen Namen von Firmen und Läden", erklärt Isolde. „Bei jeder Firma und jedem Laden stehen ein paar Nummern. Das sind die Nummern der Kisten. Und das sind die Nummern der Lastwägen, auf die Sie die Kisten laden müssen. Die Lastwägen kommen und gehen stündlich. Sie müssen also schnell arbeiten. Alles klar?"

„Alles klar", antwortet Mike, ohne Isolde richtig zu verstehen.

„Nehmen Sie jetzt diese Ladeliste und gehen Sie zur Ladetür Nummer drei", sagt die Leiterin der Personalabteilung zu Mike. Mike nimmt die Ladeliste und geht arbeiten.

(Fortsetzung folgt)

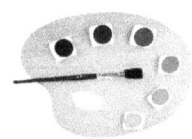

12

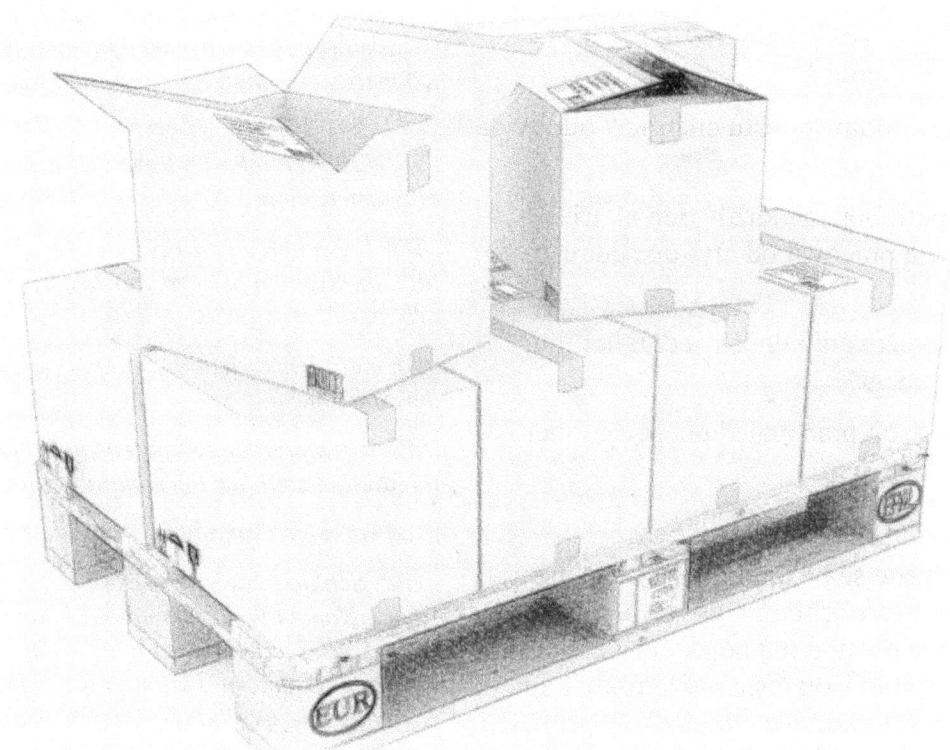

Mike si chce vydělat nějaké peníze (část 2)
Mike will ein bisschen Geld verdienen (Teil 2)

A

Slovní zásoba
Vokabeln

1. být líto - leid tun; Je mi to líto. - Es tut mir leid.
2. důvod - der Grund
3. jejich - ihr
4. jezdit, řídit - fahren
5. řidič - der Fahrer
6. kráčet, jít, procházet se - gehen
7. maminka, matka, máma - Mama, die Mutter
8. namísto, místo - anstelle von

9. na tvém místě - an deiner Stelle
10. nenávidět, nesnášet - hassen
11. pan - Herr, Hr.
12. pondělí - Montag
13. potkat, poznat - treffen, kennenlernen
14. přinést - bringen
15. rád - froh
16. špatně - schlecht
17. správný, správně - richtig; nesprávně - falsch; opravit - korrigieren
18. syn - der Sohn
19. tvůj - dein
20. učitel - der Lehrer
21. vstávat - aufstehen
22. Vstávej! - Steh auf!
23. zde (o místě) - hier (Ort), sem (směř) - hierher (Richtung), zde je - hier ist
24. zpět, zpátky - zurück

B

Mike si chce vydělat nějaké peníze (část 2)

V nakládacích dveřích číslo tři je spousta náklaďáků. Vrací se zpět přivážejíc zpátky jejich náklad. Přichází sem vedoucí personálního oddělení a vedoucí podniku. Přichází k Mikeovi. Mike nakládá krabice do náklaďáku. Pracuje rychle.

„Hej, Miku! Prosím, pojďte sem," volá ho Isolde, „Toto je ředitel firmy, pan Klein."

„Jsem rád, že vás poznávám," říká Mike jdouc k nim.

„Já taky," odpovídá pan Klein, „Kde je váš ložný list?"

„Tady je," Mike mu dává ložný list.

„Dobrá-dobrá," říká pan Klein a dívá se na seznam, „podívejte se na ty náklaďáky. Vrací se, aby přivezli zpět náklad, protože nakládáte krabice nesprávně. Krabice s knihami jdou do obchodu s nábytkem místo do obchodu s knihami, krabice s videokazetami a DVD jdou do kavárny namísto do videopůjčovny, a kartony s chlebíčky jdou do videopůjčovny namísto do kavárny! To je špatná práce! Je mi to líto, ale nemůžete pracovat

Mike will ein bisschen Geld verdienen (Teil 2)

An der Ladetür Nummer 3 stehen viele Lastwagen. Sie kommen mit ihrer Ladung zurück. Die Leiterin der Personalabteilung und der Firmenchef kommen dorthin. Sie gehen zu Mike. Mike lädt Kisten in einen Lastwagen. Er arbeitet schnell.

„Hey, Mike! Komm bitte hierher!", ruft Isolde. „Das ist der Chef der Firma, Hr. Klein."

„Es freut mich, Sie kennenzulernen", sagt Mike auf sie zugehend.

„Mich auch", antwortet Hr. Klein. „Wo ist Ihre Ladeliste?"

„Hier ist sie", Mike gibt ihm die Ladeliste.

„Na gut", sagt Hr. Klein, während er auf die Liste schaut. „Sehen Sie sich diese Lastwagen an. Sie bringen ihre Fracht zurück, weil Sie die Kisten falsch verladen haben. Die Kisten mit Büchern werden zu einem Möbelladen gebracht anstelle von einem Buchladen, die Kisten mit Videos und DVDs zu einem Café anstelle von einer Videothek und die Kisten mit Sandwiches zu einer Videothek anstelle von einem Café! Das ist schlechte Arbeit! Es tut mir leid, aber Sie können nicht in unserer Firma arbeiten", sagt Herr Klein

v naší firmě," říká pan Klein a kráčí zpátky do kanceláře.

Mike nemůže krabice naložit správně, protože umí přečíst a porozumět jen několika německým slovům. Isolde se na něj podívá. Mike se stydí.

„Miku, můžete se naučit německy líp a pak přijďte zas. Dobře?" říká Isolde.

„Dobře," odpovídá Mike, „Nashledanou, Isolde."

„Nashledanou, Miku," odpoví Isolde.

Mike jde domů. Chce se naučit německy lépe a pak si najít novou práci.

und geht zurück in sein Büro.

Mike kann die Kisten nicht richtig verladen, weil er nur sehr wenig Deutsch lesen und verstehen kann. Isolde schaut ihn an. Mike schämt sich.

„Mike, du kannst dein Deutsch verbessern und dann wiederkommen, ok?", sagt Isolde.

„Ok", antwortet Mike. „Tschüss Isolde."

„Tschüss Mike", antwortet Isolde.

Mike geht nach Hause. Er will jetzt sein Deutsch verbessern und sich dann eine neue Arbeit suchen.

Je čas jít do školy

V pondělí ráno přijde do místnosti matka, aby probudila svého syna.

„Vstávej, je sedm hodin. Je čas jít do školy!"

„Ale proč, mami? Nechci jít."

„Řekni mi dva důvody, proč nechceš jít," říká matka synovi.

„Studenti mě nenávidí a učitelé mě nenávidí taky!"

„Ach, to nejsou důvody proč nejít na vysokou. Vstaň!"

„Tak dobrá. Řekni mi dva důvody, proč musím jít do školy," říká své matce.

„Dobře, za prvé, je ti 55 let. A za druhé, jsi ředitel vysoké školy! Vstávej, a hned!"

Es ist an der Zeit, in die Uni zu gehen

An einem Montagmorgen kommt eine Mutter ins Zimmer, um ihren Sohn aufzuwecken.

„Steh auf, es ist sieben Uhr. Es ist an der Zeit, in die Uni zu gehen!"

„Aber warum, Mama? Ich will nicht gehen."

„Nenne mir zwei Gründe, warum du nicht gehen willst", sagt die Mutter zu ihrem Sohn.

„Die Studenten hassen mich und die Lehrer auch!"

„Oh, das sind keine Gründe, um nicht in die Uni zu gehen. Steh auf!"

„Ok. Nenn mir zwei Gründe, warum ich in die Uni muss", sagt er zu seiner Mutter.

„Gut, einerseits, weil du 55 Jahre alt bist. Und andererseits, weil du der Direktor der Universität bist! Steh jetzt auf!"

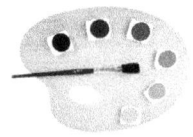

Fortgeschrittene Anfänger Stufe A2

13

Název hotelu
Der Name des Hotels

A

Slovní zásoba

Vokabeln

1. cesta - der Weg
2. chodidlo - der Fuß
   pěšky - zu Fuß
3. dole - nach unten
4. hloupý - dumm
5. jezero - der See
6. jiný - anderer
7. již - schon
8. kolem - vorbei
9. kráčet - gehen
10. kulatý - rund
11. most - die Brücke
12. najít, naleznout - finden
13. naštvaný - wütend
14. noc - die Nacht
15. opět - wieder
16. otevřít - öffnen
17. pak, poté - dann

18. Polsko - Polen
19. překvapení - die Überraschung
    překvapit - überraschen
    překvapený - überrascht, verwundert
20. přes, skrz - hindurch
21. přes - über
22. pryč - weg
23. reklama - die Werbung
24. spát - schlafen
25. stát - stehen
26. taxík - das Taxi
    taxikář - der Taxifahrer
27. teď, právě - jetzt, zurzeit, gerade
28. ukázat - zeigen
29. unavený - müde
30. úsměv - das Lächeln
    usmívat (se), usmát (se) - lächeln
31. večer - der Abend
32. vidět - sehen
33. výtah - der Aufzug
34. zastavit - anhalten

Název hotelu

Toto je student. Jmenuje se Kasper. Kasper je z Polska. Neumí mluvit německy. Chce se naučit německy na vysoké škole v Německu. Kasper teď bydlí v hotelu v Bremerhavenu.

Je teď ve svém pokoji. Dívá se na mapu. Ta mapa je velmi dobrá. Kasper vidí ulice, náměstí a obchody na mapě. Jde ven z pokoje a přes dlouhou chodbu k výtahu. Výtah ho doveze dolů. Kasper jde přes velkou halu a ven z hotelu. Zastaví se poblíž hotelu a zapíše si název hotelu do svého zápisníku.

Kolem hotelu je kulaté náměstí a jezero. Kasper jde přes náměstí k jezeru. Kráčí kolem jezera na most. Přes most jede mnoho osobních i nákladní automobilů a lidí. Kasper jde pod most. Pak kráčí přes ulici do centra města. Prochází kolem mnoha pěkných budov.

Je již večer. Kasper je unavený a chce se vrátit do hotelu. Zastaví si taxík, pak otevře svůj zápisník a ukáže název hotelu řidiči taxíku. Taxikář se podívá do zápisníku, usměje se a odjíždí. Kasper to nechápe. Stojí a dívá se do svého zápisníku. Pak zastaví další taxík a ukáže název hotelu řidiči taxíku znovu. Řidič se podívá do zápisníku. Potom se podívá na

Der Name des Hotels

Das ist ein Student. Er heißt Kasper. Kasper kommt aus Polen. Er spricht kein Deutsch. Er will an einer Universität in Deutschland Deutsch lernen. Kasper wohnt zurzeit in einem Hotel in Bremerhaven.

Gerade ist er in seinem Zimmer. Er schaut auf die Karte. Diese Karte ist sehr gut. Kasper sieht Straßen, Plätze und Läden auf der Karte. Er geht aus dem Zimmer und durch den langen Gang zum Aufzug. Der Aufzug bringt ihn nach unten. Kasper geht durch die große Halle und aus dem Hotel. Er hält in der Nähe des Hotels an und schreibt den Namen des Hotels in sein Notizbuch.

Beim Hotel gibt es einen runden Platz und einen See. Kasper geht über den Platz zum See. Er geht um den See zur Brücke. Viele Autos, Lastwägen und Menschen überqueren die Brücke. Kasper geht unter der Brücke hindurch. Dann geht er eine Straße entlang zum Stadtzentrum. Er geht an vielen schönen Gebäuden vorbei.

Es ist schon Abend. Kasper ist müde und will zurück ins Hotel gehen. Er hält ein Taxi an, öffnet dann sein Notizbuch und zeigt dem Taxifahrer den Namen des Hotels. Der Taxifahrer schaut in das Notizbuch, lächelt und fährt weg. Kasper versteht nichts. Er steht da und schaut in sein Notizbuch. Dann hält er ein anderes Taxi an und zeigt dem Taxifahrer wieder den Namen des

Kaspera, usměje se a také odjíždí.

Kasper je překvapen. Zastaví další taxík. Ale tenhle taxikář odjíždí pryč také. Kasper to nemůže pochopit. Je překvapený a naštvaný. Ale není hloupý. Pak otevře mapu a najde cestu k hotelu. Vrátí se zpátky do hotelu pěšky.

Je noc. Kasper je ve své posteli. Spí. Hvězdy se dívají do pokoje skrz okno. Zápisník je na stole. Je otevřen. „Ford je nejlepší auto". Toto není název hotelu. Toto je reklama na budově hotelu.

Hotels. Der Fahrer schaut in das Notizbuch. Dann schaut er Kasper an, lächelt und fährt auch weg.

Kasper ist verwundert. Er hält ein anderes Taxi an. Aber auch dieser Taxifahrer fährt weg. Kasper kann das nicht verstehen. Er ist verwundert und wütend. Aber er ist nicht dumm. Er öffnet seine Karte und findet den Weg zum Hotel. Er kehrt zu Fuß zum Hotel zurück.

Es ist Nacht. Kasper ist in seinem Bett. Er schläft. Die Sterne schauen durch das Fenster ins Zimmer. Das Notizbuch liegt auf dem Tisch. Es ist offen. „Ford ist das beste Auto". Das ist nicht der Name des Hotels. Das ist Werbung am Hotelgebäude.

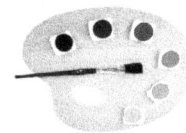

14

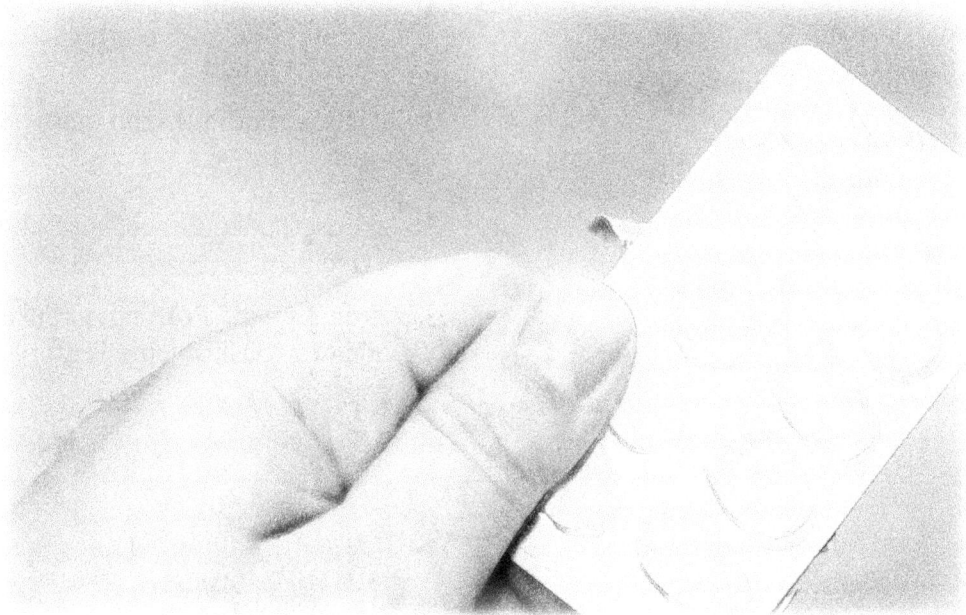

Aspirin

Aspirin

  A

Slovní zásoba

Vokabeln

1. aspirin - das Aspirin
2. bílý - weiß
3. často - oft
4. chemický - chemisch; chemikálie - die Chemikalien
5. chemie - die Chemie
6. chytrý - intelligent
7. deset - zehn
8. dostat (něco) - (etwas) erhalten; přijít, přijet - ankommen
9. hodinky - die Uhr
10. kluk - der Junge
11. konečně - schließlich
12. krystal - das Kristal
13. lavice - der Schreibtisch
14. lékárna - die Apotheke
15. list (papíru) - das Blatt

16. myslet, rozmýšlet, zamyslet se - denken
17. něco - etwas
18. nějaký/nějaké - einige
19. páchnoucí - stinkend
20. papír - das Papier
21. pilulka - die Tablette
22. po - nach; v půl deváté - um halb neun
23. posadit se - sich hinsetzen
24. přestávka - die Pause
25. pro - für
26. půl - halb
27. řešení - die Lösung
28. samozřejmě - natürlich
29. šedý - grau
30. (studentská) kolej - das Studentenwohnheim
31. učebna - das Klassenzimmer
32. úkol - die Aufgabe
33. úžasný - wunderbar
34. v jednu (hodinu) - um eins
35. že - dass
36. zkoušet, pokoušet se, snažit se - versuchen
37. zkouška - die Prüfung; zkoušet - prüfen; udělat zkoušku - eine Prüfung bestehen

B

Aspirin

Aspirin

Je to přítel Mikea. Jmenuje se Alexander. Alexander je ze Švýcarska. Francouzština je jeho rodným jazykem. Umí také velmi dobře mluvit německy. Alexander bydlí na koleji. Alexander je teď ve svém pokoji. Alexander má dnes test z chemie. Dívá se na hodinky. Je osm hodin. Je čas jít.

Alexander jde ven. Jde do školy. Škola je poblíž koleje. Cesta do školy mu trvá asi deset minut. Alexander přichází do chemické učebny. Otevře dveře a dívá se do třídy. Jsou zde nějací studenti a učitel. Alexander přichází do třídy.

„Dobrý den," říká.

„Dobrý den," odpovídá učitel a studenti.

Alexander přichází ke svému stolu a sedne si. Test z chemie začíná v půl deváté. Učitel přijde k Alexandrově stolu.

„Tady je váš úkol," učitel říká. Pak dává Alexanderovi list papíru s úkolem, „musíte

Das ist ein Freund von Mike. Er heißt Alexander. Alexander kommt aus der Schweiz. Seine Muttersprache ist Französisch. Er spricht auch sehr gut Deutsch. Alexander wohnt im Studentenwohnheim. Alexander ist gerade in seinem Zimmer. Alexander hat heute eine Prüfung in Chemie. Er schaut auf die Uhr. Es ist acht Uhr. Es ist an der Zeit, zu gehen.

Alexander geht nach draußen. Er geht zur Universität. Die Uni ist in der Nähe des Wohnheims. Er braucht etwa zehn Minuten bis zur Uni. Alexander kommt zum Klassenzimmer. Er öffnet die Tür und schaut ins Klassenzimmer. Einige Studenten und der Lehrer sind da. Alexander betritt das Klassenzimmer.

„Hallo", sagt er.

„Hallo", antworten der Lehrer und die Studenten.

Alexander geht zu seinem Schreibtisch und setzt sich hin. Die Prüfung beginnt um halb neun. Der Lehrer kommt zu Alexanders Tisch.

„Hier ist deine Aufgabe", sagt der Lehrer. Dann gibt er Alexander ein Blatt Papier mit der Aufgabe. „Du musst

vyrobit aspirin. Můžete pracovat od půl deváté až do dvanácti hodin. Začněte, prosím," říká učitel.

Alexander tento úkol zná. Vezme nějaké chemikálie a začíná. Pracuje deset minut. Nakonec vyrobí něco šedého a páchnoucího. Tohle není dobrý aspirin. Alexander ví, že musí mít velké bílé krystaly aspirinu. Pak to zkusí znovu a znovu. Alexander pracuje hodinu ale opět vyrobí něco šedého a páchnoucího.

Alexander je naštvaný a unavený. Nemůže to pochopit. Zastaví se a trochu se zamyslí. Alexander je chytrý kluk. Chvilku rozmýšlí a pak najde odpověď! Postaví se.

„Mohu mít na deset minut přestávku?" zeptá se Alexander učitele.

„Samozřejmě, můžete," odpoví učitel.

Alexander jde ven. Blízko školy najde lékárnu. Jde dovnitř a kupuje nějaké pilulky aspirinu. Za deset minut se vrátí zpět do učebny. Studenti sedí a pracují. Alexander se posadí.

„Mohu ukončit test?" říká Alexander učiteli za pět minut.

Učitel přijde k Alexandrovu stolu. Vidí velké bílé krystaly aspirinu. Učitel se zastaví v překvapení. Chvilku stojí a dívá se na aspirin.

„To je úžasné! Váš aspirin je tak pěkný! Ale já tomu vůbec nerozumím! Často se snažím vyrobit aspirin a vzniká mi jen něco šedého a páchnoucího," říká učitel. „Zkoušku jste udělal," říká.

Alexander po zkoušce odchází. Učitel vidí na Alexandrově stole něco bílého. Přijde ke stolu a najde papír od pilulek aspirinu.

„Chytrý kluk. OK, Alexandře. Teď máte problém," říká učitel.

Aspirin herstellen. Du kannst von halb neun bis zwölf Uhr arbeiten. Fang bitte an", sagt der Lehrer.

Alexander weiß, wie diese Aufgabe geht. Er nimmt einige Chemikalien und beginnt. Er arbeitet zehn Minuten lang. Schließlich erhält er etwas Graues und Stinkendes. Das ist nicht gutes Aspirin. Alexander weiß, dass er große, weiße Aspirinkristalle erhalten muss. Dann versucht er es wieder und wieder. Alexander arbeitet eine Stunde lang, aber das Ergebnis ist wieder grau und stinkend.

Alexander ist wütend und müde. Er kann es nicht verstehen. Er macht eine Pause und denkt ein bisschen nach. Alexander ist intelligent. Er denkt ein paar Minuten nach und findet dann die Lösung! Er steht auf.

„Kann ich zehn Minuten Pause machen?", fragt er den Lehrer.

„Ja, natürlich", antwortet der Lehrer.

Alexander geht nach draußen. Er findet eine Apotheke in der Nähe der Uni. Er geht hinein und kauft ein paar Tabletten Aspirin. Nach zehn Minuten kommt er zurück ins Klassenzimmer. Die Studenten sitzen da und arbeiten. Alexander setzt sich hin.

„Kann ich die Prüfung beenden?", fragt Alexander den Lehrer nach fünf Minuten.

Der Lehrer kommt zu Alexanders Tisch. Er sieht große, weiße Aspirinkristalle. Der Lehrer ist überrascht. Er bleibt stehen und schaut eine Weile auf das Aspirin.

„Wunderbar! Dein Aspirin ist gut! Aber ich kann das nicht verstehen! Ich versuche oft, Aspirin herzustellen, aber alles, was ich herausbekomme, ist grau und stinkt", sagt der Lehrer. „Du hast die Prüfung bestanden."

Alexander geht nach der Prüfung weg. Der Lehrer sieht etwas Weißes auf Alexanders Tisch. Er geht zum Tisch und findet das Papier der Aspirintabletten.

„Intelligenter Junge. Gut, Alexander, jetzt hast du ein Problem", sagt der Lehrer.

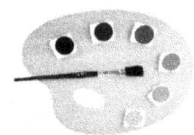

15

Anke a klokan
Anke und das Känguru

 A

Slovní zásoba
Vokabeln

1. Ach! - Oh!
2. co - was; Co to je? - Was ist das?; Který stůl? - Welcher Tisch?
3. dobře - okay, gut
4. Hej! - Hey!
5. hračka - das Spielzeug
6. jeho - sein
7. kdy - wenn
8. klokan - das Känguru
9. knihovna - das Bücherregal
10. křičet, plakat, řvát - weinen, schreien, rufen
11. lev - der Löwe
12. mě, mně - mich
13. mokrý - nass
14. nás - uns

15. nech nás - lass uns
16. obtěžovat - ärgern
17. ocas - der Schwanz
18. opice - der Affe
19. padat - fallen; pád - der Fall
20. panenka - die Puppe
21. plán - der Plan; plánovat - planen
22. plný - voll
23. pomalu - leise
24. rok - das Jahr
25. silný, silně - stark
26. široký, široce - weit
27. spolu - zusammen

28. šťastný - glücklich
29. studovat - studieren
30. tahat, (za)táhnout - ziehen
31. tygr - der Tiger
32. ubohý, chudák - arm
33. ucho - das Ohr
34. udeřit, bít - schlagen
35. vědro - der Eimer
36. vlasy - das Haar
37. voda - das Wasser
38. zebra - das Zebra
39. zmrzlina - das Eis
40. zoo - der Zoo

B

Anke a klokan

Mike je student. Studuje na vysoké škole. Studuje německý jazyk. Mike bydlí na koleji. Bydlí hned vedle Alexandra.

Mike je teď ve svém pokoji. Vezme telefon a volá svému příteli Stefanovi.

„Ahoj," Stefan zvedne telefon.

„Ahoj, Stefane. Tady Mike. Jak se máš?" říká Mike.

„Ahoj, Mikeu. Jde to. Díky. A jak se máš ty?" odpoví Stefan.

„Taky to jde. Díky. Půjdu se projít. Jaké máš plány na dnes?" říká Mike.

„Moje sestra Anke mě prosí, abych ji vzal do zoo. Vezmu jí tam teď. Pojďme spolu," říká Stefan.

„Dobře. Půjdu s tebou. Kde se setkáme?" ptá se Mike.

Anke und das Känguru

Mike ist jetzt Student. Er studiert an der Universität. Er studiert Deutsch. Mike wohnt im Studentenwohnheim. Er ist Alexanders Nachbar.

Mike ist gerade in seinem Zimmer. Er nimmt sein Telefon und ruft seinen Freund Stefan an.

Stefan geht ans Telefon und sagt: „Hallo."

„Hallo Stefan. Ich bin es, Mike. Wie geht's dir?", sagt Mike.

„Hallo Mike. Mir geht's gut. Danke. Und dir?", antwortet Stefan.

„Mir geht's auch gut, danke. Ich werde einen Ausflug machen. Was hast du heute vor?", sagt Mike.

„Meine Schwester Anke will mit mir in den Zoo gehen. Ich werde jetzt mit ihr dorthin gehen. Lass uns zusammen gehen", sagt Stefan.

„Alles klar, ich komme mit. Wo treffen wir uns?", fragt Mike.

„Dejme si sraz na autobusové zastávce Havenwelten. A zeptej se Alexandra, zda chce jít s námi taky," říká Stefan.

„Dobře. Ahoj," odpoví Mike.

„Uvidíme se. Ahoj," říká Stefan.

Poté jde Mike do Alexandrova pokoje. Alexander je ve svém pokoji.

„Ahoj," říká Mike.

„Ach, ahoj Miku. Pojď dál, prosím," říká Alexander. Mike jde dál.

„Jdeme se Stefanem a jeho sestrou do zoo. Půjdeš taky?" ptá se Mike.

„Samozřejmě, půjdu taky!" říká Alexander.

Mike a Alexander se vezou na autobusovou zastávku Havenwelten. Zde vidí Stefana a jeho sestru Anke.

Sestře Stefana je pouze pět let. Je to malá holčička a je plná energie. Má moc ráda zvířata. Ale Anke si myslí, že zvířata jsou hračky. Zvířata od ní utíkají, protože je moc obtěžuje. Tahá je za ocas nebo ucho, bije rukou nebo hračkou. Anke má doma psa a kočku. Když je Anke doma, pes je pod postelí a kočka sedí na knihovně. Aby se k nim nemohla dostat.

Anke, Stefan, Mike a Alexander přichází do zoo. V zoo je mnoho zvířat. Anke je velmi šťastná. Běží ke lvovi a tygrovi. Udeří zebru panenkou. Zatáhne opici za ocas tak silně, že všechny opice s křikem utíkají pryč. Pak Anke uvidí klokana. Klokan pije z vědra vodu. Anke se usměje a velmi tiše přijde ke klokanovi. A pak...

„Hej!! Kloka-aa-aan!" křičí Anke a táhne jej za ocas. Klokan se dívá na Anke s doširoka otevřenýma očima. Vyskočí v překvapení tak, že vědro s vodou letí nahoru a padá na Anke. Voda jí teče po vlasech, obličeji a šatech. Anke je celá mokrá.

„Jsi zlý klokan! Zlý!" pláče.

Někteří lidé se usmívají a někteří říkají: „Ubohé děvče." Stefan bere Anke domů.

„Lass uns an der Bushaltestelle Havenwelten treffen. Und frag Alexander, ob er auch mitkommen will", sagt Stefan.

„Alles klar. Tschüss", antwortet Mike.

„Bis gleich", sagt Stefan.

Dann geht Mike zu Alexanders Zimmer. Alexander ist in seinem Zimmer.

„Hallo", sagt Mike.

„Oh, hallo Mike. Komm rein", sagt Alexander. Mike betritt das Zimmer.

„Stefan, seine Schwester und ich gehen in den Zoo. Willst du mitkommen?", fragt Mike.

„Natürlich komme ich mit", sagt Alexander.

Mike und Alexander fahren bis zur Bushaltestelle Havenwelten. Dort sehen sie Stefan und seine Schwester Anke.

Stefans Schwester ist erst fünf. Sie ist ein kleines Mädchen und voller Energie. Sie mag Tiere sehr gerne. Aber Anke denkt, dass Tiere Spielzeug sind. Die Tiere rennen vor ihr weg, weil sie sie sehr ärgert. Sie zieht sie am Schwanz oder am Ohr, schlägt sie mit der Hand oder mit einem Spielzeug. Zuhause hat Anke einen Hund und eine Katze. Wenn Anke zuhause ist, sitzt der Hund unter dem Bett und die Katze auf dem Bücherregal. So kann Anke sie nicht kriegen.

Anke, Stefan, Mike und Alexander betreten den Zoo. Im Zoo gibt es sehr viele Tiere. Anke ist glücklich. Sie rennt zu den Löwen und Tigern. Sie schlägt das Zebra mit ihrer Puppe. Sie zieht so stark am Schwanz eines Affen, dass alle Affen schreiend wegrennen. Dann sieht Anke ein Känguru. Das Känguru trinkt Wasser aus einem Eimer. Anke lächelt und nähert sich dem Känguru langsam. Und dann...

„Hey!!! Kängruu-uu-uu!!", schreit Anke und zieht es am Schwanz. Das Känguru schaut Anke mit weit aufgerissenen Augen an. Vor Schreck macht es einen Satz, sodass der Wassereimer in die Luft fliegt und auf Anke fällt. Wasser läuft über ihr Haar, ihr Gesicht und ihr Kleid. Anke ist ganz nass.

„Du bist ein böses Känguru! Böse!", ruft sie.

Einige Leute lächeln und einige Leute sagen: „Armes Mädchen." Stefan bringt Anke nach Hause.

„Nesmíš zvířata obtěžovat," říká Stefan a podává jí zmrzlinu. Anke jí zmrzlinu.

„Dobře. Nebudu si hrát s velmi velkými a rozzlobenými zvířaty," přemýšlí Anke, „Budu si hrát pouze s malými zvířaty." Je zase šťastná.

„Du darfst die Tiere nicht ärgern", sagt Stefan und gibt ihr ein Eis. Anke isst das Eis.

„Okay, ich werde nicht mehr mit sehr großen und wütenden Tieren spielen", denkt Anke. „Ich werde nur noch mit kleinen Tieren spielen." Sie ist wieder glücklich.

16

Parašutisté
Die Fallschirmspringer

A

Slovní zásoba
Vokabeln

1. bunda - die Jacke
2. být - sein
3. část - der Teil
4. červený - rot
5. chytnout - fangen
6. člen - das Mitglied
7. devět - neun
8. guma - der Gummi
9. jenom - einfach
10. jiný - anderer
11. kalhoty - die Hose
12. klub - der Verein
13. kov - das Metall
14. letecká přehlídka - die Flugschau

15. letoun, letadlo - das Flugzeug
16. mimochodem - übrigens
17. myslet, věřit - glauben
    nevěřit vlastním očím - seinen Augen nicht trauen
18. obecenstvo, diváci - das Publikum
19. oblečení - die Kleidung
20. opravdu - wirklich
21. padající - fallend
22. padák - der Fallschirm
23. parašutista - der Fallschirmspringer
24. pilot - der Pilot
25. po - nach
26. přes - über
27. připravit (se) - vorbereiten
28. přistát - landen
29. sedadlo - der Sitz,
    posadit se - sich hinsetzen
30. (s)padnout, padat - abgestürzt
31. střecha - das Dach
32. táta, tatínek - Papa
33. tiše, potichu - leise
34. tlačit, (po)strčit - stoßen, ziehen
35. trénovat - trainieren
    trénovaný - trainiert
36. trik - der Trick
37. tým - die Mannschaft
38. udělat, dělat - machen
39. v, ve, vevnitř - in
40. vlastní - eigen
41. výborně - super, toll
42. vycpaný - ausgestopft;
    vycpaný parašutista - Fallschirmspringerpuppe
43. vystoupit - aussteigen
44. vzduch - die Luft
45. vzít si na sebe - sich anziehen
    mít na sobě (oblečené) - angezogen
46. zachránit - retten
47. zavřít - schließen
48. zda, pokud - ob
49. zlostně - wütend
50. život - das Leben,
    záchranářský trik - Rettungstrick
51. žlutý - gelb

B

Parašutisté

Je ráno. Mike přichází do Alexandrova pokoje. Alexander sedí u stolu a něco píše. Alexandrova kočka Minka je na Alexandrově posteli. Tiše spí.

„Můžu dovnitř?" ptá se Mike.

„Ach, Miku. Pojď dál, prosím. Jak se máš?"

Die Fallschirmspringer

Es ist Morgen. Mike kommt in Alexanders Zimmer. Alexander sitzt am Tisch und schreibt etwas. Alexanders Katze Minka sitzt auf Alexanders Bett. Sie schläft ruhig.

„Kann ich reinkommen?", fragt Mike.

odpoví Alexander.

„Fajn. Díky. Jak se máš ty?" říká Mike.

„Jsem v pohodě. Díky. Sedni si, prosím," odpoví Alexander.

Mike si sedne na židli.

„Víš, že jsem členem klubu parašutistů. Dnes máme leteckou přehlídku," říká Mike, „Budu zde mít pár seskoků."

„To je moc zajímavé," odpoví Alexander, „Možná se přijdu podívat na leteckou přehlídku."

„Jestli chceš, můžu tě tam vzít a můžeš letět letadlem," říká Mike.

„Opravdu? To bude skvělé!" Alexander vykřikne, „V kolik hodin je ta letecká přehlídka?"

„Začíná v deset hodin ráno," odpoví Mike, „Stefan taky přijde. Mimochodem, potřebujeme pomoc pro postrčení vycpaného parašutisty z letadla. Pomůžeš nám?"

„Vycpaného parašutistu? Proč?" říká Alexander v překvapení.

„Je to součást představení, víš," říká Mike, „Je to záchranářský trik. Vycpaný parašutista padá dolů. V tom okamžiku k němu přiletí skutečný parašutista, chytne ho a otevře svůj vlastní padák. „Muž je zachráněn!"

„Výborně!" odpoví Alexander, „pomůžu vám. Pojďme!"

Alexander a Mike jdou ven. Přijdou na autobusovou zastávku Freigebiet a nasednou do autobusu. Na leteckou přehlídku to trvá jen deset minut. Když vystoupí z autobusu, uvidí Stefana.

„Ahoj Stefane," říká Mike, „pojďme do letadla."

V letadle vidí tým parašutistů. Přijdou za vedoucím týmu. Vedoucí týmu má na sobě červené kalhoty a červenou bundu.

„Ahoj Martine," říká Mike, „Alexander a Stefan nám pomůžou se záchranářským trikem."

„V pořádku. Vycpaný parašutista je zde," říká Martin. Dává jim vycpaného parašutistu. Vycpaný parašutista má oblečené červené

„Oh, Mike. Komm rein. Wie geht's dir?", antwortet Alexander.

„Gut, danke. Und dir?", sagt Mike.

„Danke, auch gut. Setz dich", antwortet Alexander.

Mike setzt sich auf einen Stuhl.

„Du weißt doch, dass ich Mitglied in einem Fallschirmspringerverein bin. Wir haben heute eine Flugschau", sagt Mike. „Ich werde ein paar Sprünge machen."

„Das ist interessant", antwortet Alexander. „Ich komme vielleicht zuschauen."

„Wenn du willst, kann ich dich mitnehmen und du kannst in einem Flugzeug mitfliegen", sagt Mike.

„Echt? Das wäre super!", ruft Alexander. „Um wie viel Uhr ist die Flugschau?"

„Sie fängt um zehn Uhr morgens an", antwortet Mike. „Stefan kommt auch. Übrigens, wir brauchen Hilfe, eine Fallschirmspringerpuppe aus dem Flugzeug zu werfen. Kannst du helfen?"

„Eine Fallschirmspringerpuppe? Warum?", fragt Alexander überrascht.

„Ach, weißt du, das ist ein Teil der Schau", sagt Mike. „Es ist ein Rettungstrick. Die Puppe fällt herunter. In dem Moment fliegt ein echter Fallschirmspringer zu ihr, fängt sie und öffnet seinen eigenen Fallschirm. Der ‚Mann' ist gerettet!"

„Toll!", antwortet Alexander. „Ich helfe. Lass uns gehen!"

Alexander und Mike gehen nach draußen. Sie kommen zur Bushaltestelle Freigebiet und nehmen einen Bus. Es dauert nur zehn Minuten bis zur Flugschau. Als sie aus dem Bus steigen, sehen sie Stefan.

„Hallo Stefan", sagt Mike. „Lass uns zum Flugzeug gehen."

Beim Flugzeug sehen sie eine Fallschirmspringermannschaft. Der Führer der Mannschaft hat eine rote Hose und eine rote Jacke an.

„Hallo Martin", sagt Mike. „Alexander und Stefan helfen beim Rettungstrick."

„Okay. Hier ist die Puppe", sagt Martin. Er gibt ihnen die Fallschirmspringerpuppe. Die Puppe trägt eine

kalhoty a červenou bundu.

„Je oblečený jako ty," říká Stefan usmívajíc se na Martina.

„Není čas o tom mluvit," Martin říká, „Vezměte ho do tohoto letadla."

Alexander a Stefan berou vycpaného parašutistu do letadla. Sednou si vedle pilota. Všichni z týmu parašutistů kromě vedoucího jdou do letounu. Zavřou dveře. Za pět minut je letoun ve vzduchu. Když letí nad Bremerhavenem, Stefan vidí svůj dům.

„Podívejte se! Můj dům je tam!" křičí Stefan.

Alexander se dívá oknem na ulice, náměstí a parky města. Je skvělé letět v letounu.

„Připravte se na skok!" křičí pilot. Parašutisté se postaví. Otevřou dveře.

„Deset, devět, osm, sedm, šest, pět, čtyři, tři, dva, jedna. Teď!" křičí pilot.

Parašutisté začnou vyskakovat z letadla. Obecenstvo dole na zemi vidí červené, zelené, bílé, modré a žluté padáky. Vypadát to velmi pěkně. Martin, vedoucí týmu parašutistů, se dívá nahoru taky. Parašutisté letí dolů a někteří již přistávají.

„Dobře. Dobrá práce, kluci," říká Martin a jde si dát do nedaleké kavárny kávu.

Letecká prohlídka pokračuje.

„Připravte se na záchranářský trik!" křičí pilot.

Stefan a Alexander berou vycpaného parašutistu ke dveřím.

„Deset, devět, osm, sedm, šest, pět, čtyři, tři, dva, jedna. Teď!" křičí pilot.

Alexander a Stefan tlačí vycpaného parašutistu skrz dveře. Jde ven, ale pak se zastaví. Jeho gumová „ruka" se zachytí o nějakou kovovou část letadla.

„Teď, teď chlapci!" křičí pilot.

Chlapci silně tlačí vycpaného parašutistu, ale nemůžou jej dostat ven.

Obecenstvo dole na zemi vidí muže v červeném ve dveřích letadla. Další dva muži se ho snaží

rote Hose und eine rote Jacke.

„Sie trägt die gleiche Kleidung wie du", sagt Stefan und grinst Martin an.

„Wir haben keine Zeit, darüber zu reden", sagt Martin. „Nehmt sie mit in dieses Flugzeug."

Alexander und Stefan bringen die Puppe ins Flugzeug. Sie setzen sich neben den Piloten. Die ganze Fallschirmspringermannschaft außer ihrem Führer besteigt das Flugzeug. Sie schließen die Tür. Nach fünf Minuten ist das Flugzeug in der Luft. Als es über Bremerhaven fliegt, sieht Stefan sein Haus.

„Schau! Da ist mein Haus!", ruft Stefan.

Alexander schaut aus dem Fenster auf Straßen, Plätze und Parks. Es ist toll, in einem Flugzeug zu fliegen.

„Zum Sprung bereit machen!", ruft der Pilot. Die Fallschirmspringer stehen auf. Sie öffnen die Tür.

„Zehn, neun, acht, sieben, sechs, fünf, vier, drei, zwei, eins! Los!", ruft der Pilot.

Die Fallschirmspringer beginnen, aus dem Flugzeug zu springen. Das Publikum auf dem Boden sieht rote, grüne, weiße, blaue und gelbe Fallschirme. Es sieht sehr schön aus. Martin, der Führer der Mannschaft, schaut auch nach oben. Die Fallschirmspringer fliegen nach unten und einige landen bereits.

„Okay, gute Arbeit, Jungs", sagt Martin und geht in ein Café in der Nähe, um Kaffee zu trinken.

Die Flugschau geht weiter.

„Für den Rettungstrick bereit machen!", ruft der Pilot.

Stefan und Alexander bringen die Puppe zur Tür.

„Zehn, neun, acht, sieben, sechs, fünf, vier, drei, zwei, eins! Los!", ruft der Pilot.

Alexander und Stefan stoßen die Puppe aus der Tür. Sie fällt heraus, bleibt dann aber hängen. Ihre Gummihand ist an einem Metallteil des Flugzeugs hängengeblieben.

„Los, auf, Jungs!", ruft der Pilot.

Die Jungs ziehen mit aller Kraft an der Puppe, aber sie bekommen sie nicht los.

Das Publikum unten auf dem Boden sieht einen Mann in Rot gekleidet in der Flugzeugtür. Zwei andere Männer versuchen, ihn herauszustoßen. Die Leute

vytlačit ven. Lidé nemohou uvěřit svým očím. Děje se to asi minutu. Pak parašutista v červeném padá. Další parašutista vyskočí z letounu a snaží se jej chytit. Ale nedaří se mu to. Parašutista v červeném padá. Padá střechou dovnitř do kavárny. Obecenstvo se tiše kouká. Pak lidé uvidí muže v červeném utíkat ven z kavárny. Ten muž v červeném je Martin, vedoucí týmu parašutistů. Ale diváci si myslí, že je to padající parašutista. Kouká na ně a zlostně křičí, „Jestli nedokážete chytit člověka, pak to nezkoušejte!"

Publikum mlčí.

„Tati, ten muž je velmi silný," říká jedna malá holka svému tátovi.

„Je dobře trénovaný," odpoví tatínek.

Po letecké přehlídce jdou Alexander a Stefan za Mikem.

„Co říkáš na naši práci?" ptá se Stefan.

„Ehm... ach, je velmi dobrá. Děkuji vám," odpoví Mike.

„Jestli budeš potřebovat pomoct, stačí říct," říká Alexander.

trauen ihren Augen nicht. Es dauert etwa eine Minute. Dann fällt der Fallschirmspringer in Rot nach unten. Ein anderer Fallschirmspringer springt aus dem Flugzeug und versucht, ihn zu fangen. Aber er schafft es nicht. Der Fallschirmspringer in Rot fällt weiter. Er fällt durch das Dach in das Café. Das Publikum schaut schweigend zu. Dann sehen die Leute einen in rot gekleideten Mann aus dem Café rennen. Der Mann in Rot ist Martin, der Führer der Fallschirmspingermannschaft. Aber das Publikum denkt, dass er der abgestürzte Fallschirmspringer ist. Er schaut nach oben und ruft wütend: „Wenn ihr einen Mann nicht fangen könnt, dann versucht es nicht!"

Das Publikum ist still.

„Papa, dieser Mann ist sehr stark", sagt ein kleines Mädchen zu ihrem Vater.

„Er ist gut trainiert", antwortet der Vater.

Nach der Flugschau gehen Stefan und Alexander zu Mike.

„Wie war unsere Arbeit?", fragt Stefan.

„Ähm...Oh, sehr gut. Danke", antwortet Mike.

„Wenn du Hilfe brauchst, sag es einfach", sagt Alexander.

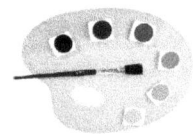

17

Vypni plyn!
Mach das Gas aus!

A

Slovní zásoba
Vokabeln

1. bledý - blass
2. budu, budeš, bude - werden
3. bydliště, žijící - wohnhaft
4. chvíle - der Moment
5. číča - die Miezekatze
6. čtyřicet čtyři - vierundvierzig
7. dvacet - zwanzig
8. hlas - die Stimme
9. jedenáct - elf
10. jízdenka - die Fahrkarte
11. kdo - wer
12. kilometr - der Kilometer
13. konvice - der Kessel
14. lstivý, lstivě, šibalský - schlau
15. mezitím - in der Zwischenzeit
16. najednou - plötzlich
17. naplnit - füllen
18. neznámý - fremd

19. oheň - das Feuer
20. okamžitě - sofort
21. otočit - drehen; zapnout - anmachen; vypnout - ausmachen
22. pečlivý, opatrný - sorgfältig
23. plyn - das Gas
24. pocit - das Gefühl
25. říct, říkat - sagen
26. rozkázat, přikázat, nařídit - befehlen
27. rozšířit - übergreifen
28. rychle - schnell
29. sekretářka - die Sekretärin
30. sendvič - das Butterbrot
31. školka - der Kindergarten
32. šibalsky - schlau
33. sluchátko - der Telefonhörer
34. tak - deswegen
35. teplý - warm; ohřát - aufwärmen
36. vlak - der Zug
37. vodovodní kohoutek - der Wasserhahn
38. všechno - alles
39. zapomenout - vergessen
40. železniční stanice - der Bahnhof
41. (z)mrznout, ztuhnout - erstarren
42. zvonit - klingeln, zvonění - das Klingeln

 B

Vypni plyn!

Je sedm hodin ráno. Stefan a María spí. Jejich matka je v kuchyni. Matka se jmenuje Linda. Lindě je čtyřicet čtyři let. Je to pečlivá žena. Linda uklízí kuchyni předtím než jde do práce. Je sekretářka. Pracuje dvacet kilometrů od Bremerhavenu. Linda obvykle jezdí do práce vlakem.

Jde ven. Nádraží je poblíž, takže Linda jde pěšky. Koupí si lístek a nastoupí do vlaku. Do práce jí to trvá asi dvacet minut. Linda sedí ve vlaku a dívá se z okna.

Najednou zmrzne. Konvice! Stojí na sporáku a ona zapomněla vypnout plyn! Stefan a Anke spí. Oheň se může rozšířit na nábytek a pak... Linda zbledne. Je však chytrá žena a v minutě ví, co má dělat. Požádá ženu a muže, kteří sedí vedle, aby zatelefonovali k ní domů a řekli Stefanovi o konvici.

Mezitím Stefan vstane, umyje se a jde do

Mach das Gas aus!

Es ist sieben Uhr morgens. Stefan und Anke schlafen. Ihre Mutter ist in der Küche. Die Mutter heißt Linda. Linda ist vierundvierzig. Sie ist eine sorgfältige Frau. Linda putzt die Küche, bevor sie zur Arbeit geht. Sie ist Sekretärin. Sie arbeitet zwanzig Kilometer außerhalb von Bremerhaven. Linda fährt normalerweise mit dem Zug zur Arbeit.

Sie geht nach draußen. Der Bahnhof ist in der Nähe, deswegen geht Linda zu Fuß dorthin. Sie kauft eine Fahrkarte und steigt ein. Es dauert etwa zwanzig Minuten bis zu ihrer Arbeit. Linda sitzt im Zug und schaut aus dem Fenster.

Plötzlich erstarrt sie. Der Kessel! Er steht auf dem Herd und sie hat vergessen, das Gas auszumachen. Stefan und Anke schlafen. Das Feuer kann auf die Möbel übergreifen und dann... Linda wird blass. Aber sie ist eine intelligente Frau und kurz darauf weiß sie, was zu tun ist. Sie bittet eine Frau und einen Mann, die neben ihr sitzen, bei ihr zu Hause anzurufen und Stefan über den Kessel zu informieren.

In der Zwischenzeit steht Stefan auf, wäscht sich und geht in

kuchyně. Bere konvici ze stolu, nalije do ní vodu, a umístí jí na sporák. Pak vezme chléb, máslo a dělá sendviče. Anke přichází do kuchyně.

„Kde je moje číča?" ptá se.

„Nevím," odpoví Stefan, „jdi na záchod a umyj si obličej. Napijeme se čaje a sníme sendviče. Pak tě vezmu do školky."

Anke se nechce umýt. „Nemohu pustit vodu," říká šibalsky.

„Pomohu ti," říká její bratr. V tom okamžiku se ozve telefon. Anke běží rychle k telefonu a bere sluchátko.

„Haló, tady je zoo. A kdo jste vy?" říká. Stefan jí bere sluchátko a říká, „Dobrý den. Tady Stefan."

„Jsi Stefan Müller bydlící na Nelkenově ulici jedenáct?" ptá se hlas neznámé ženy.

„Ano," odpoví Stefan.

„Jdi okamžitě do kuchyně a vypni plyn!" křičí ženský hlas.

„Kdo jste? Proč musím vypnout plyn?" říká Stefan v překvapení.

„Okamžitě to udělej!" rozkáže hlas.

Stefan vypne plyn. Anke a Stefan se překvapeně podívají na konvici.

„Nerozumím," říká Stefan, „jak to, že ta žena ví, že budeme pít čaj?"

„Mám hlad," říká jeho sestra, „kdy budeme jíst?"

„Taky mám hlad," říká Stefan a zapne plyn znovu. V té chvíli telefon opět zazvoní.

„Dobrý den," říká Stefan.

„Jsi Stefan Müller, jež bydlí na Nelkenově ulici jedenáct?" ptá se hlas neznámého muže.

„Ano," odpoví Stefan.

„Okamžitě vypni plyn na sporáku! Buď opatrný!" rozkáže hlas.

„Dobře," říká Stefan a vypne plyn znovu.

die Küche. Er nimmt den Kessel vom Tisch, füllt ihn mit Wasser und stellt ihn auf den Herd. Dann nimmt er Brot und Butter und macht Butterbrote. Anke kommt in die Küche.

„Wo ist meine kleine Miezekatze?", fragt sie.

„Ich weiß es nicht", antworte Stefan. „Geh ins Bad und wasch dein Gesicht. Wir trinken jetzt Tee und essen Brote. Dann bring ich dich in den Kindergarten."

Anke will sich nicht waschen. „Ich kann den Wasserhahn nicht anmachen", sagt sie schlau.

„Ich helfe dir", sagt ihr Bruder. In diesem Moment klingelt das Telefon. Anke rennt schnell zum Telefon und nimmt den Hörer ab.

„Hallo, hier ist der Zoo. Und wer ist da?", sagt sie. Stefan nimmt ihr den Hörer weg und sagt: „Hallo, Stefan hier."

„Bist du Stefan Müller, wohnhaft in der Nelkenstraße elf?", fragt die Stimme einer fremden Frau.

„Ja", antwortet Stefan.

„Geh sofort in die Küche und mach das Gas aus", ruft die Stimme der Frau.

„Wer sind Sie? Warum soll ich das Gas ausmachen?", fragt Stefan überrascht.

„Mach es jetzt!", befielt die Stimme.

Stefan macht das Gas aus. Anke und Stefan schauen verwundert auf den Kessel.

„Ich verstehe das nicht", sagt Stefan. „Woher weiß diese Frau, dass wir Tee trinken wollten?"

„Ich habe Hunger", sagt seine Schwester. „Wann essen wir?"

„Ich habe auch Hunger", sagt Stefan und macht das Gas wieder an. In diesem Moment klingelt das Telefon wieder.

„Hallo", sagt Stefan.

„Bist du Stefan Müller, wohnhaft in der Nelkenstraße elf?", fragt die Stimme eines fremden Mannes.

„Ja", antwortet Stefan.

„Mach sofort das Gas aus! Sei vorsichtig!", befiehlt die Stimme.

„Okay", sagt Stefan und macht das Gas wieder aus.

„Pojďme do školky," říká Stefan Anke a má pocit, že dnes pití čaje nebude.

„Ne. Chci čaj a chleba s máslem," Anke zlostně říká.

„Dobře, zkusme si ohřát konvici znovu," říká její bratr a zapíná plyn.

Zazvoní telefon a tentokrát jim jejich matka rozkazuje, aby vypli plyn. Pak všechno vysvětlí. Anke a Stefan konečně pijí čaj a jdou do školky.

„Lass uns in den Kindergarten gehen", sagt Stefan zu Anke in dem Gefühl, dass sie heute keinen Tee trinken werden.

„Nein. Ich will Tee und Brot mit Butter", sagt Anke wütend.

„Gut, lass uns versuchen, den Kessel wieder zu wärmen", sagt ihr Bruder und stellt das Gas an.

Das Telefon klingelt und dieses Mal befiehlt ihre Mutter, das Gas abzustellen. Dann erklärt sie alles. Endlich trinken Anke und Stefan Tee und gehen in den Kindergarten.

18

Pracovní agentura
Eine Arbeitsvermittlung

A

Slovní zásoba
Vokabeln

1. bežící, běh - führen
2. byl/byla/bylo - war
3. celoroční - vielseitig, alles könnend
4. číslo - die Nummer
5. dělat si starosti - sich Sorgen machen; Nedělej si starosti! - Mach dir keinen Kopf!
6. doporučovat - empfehlen
7. duševní práce - die Kopfarbeit
8. elektrický - elektrisch
9. fyzická/manuální práce - die Handarbeit
10. jednotlivě - einzeln
11. jistě - klar, sicher

12. kabel - das Kabel
13. když, jelikož - da, wie
14. konzultant - der Berater
15. konzultovat - beraten
16. matrace - die Matratze
17. město - die Stadt
18. nechat, dovolit - lassen
19. opatrně, pozorně - vorsichtig; pozorně poslouchat - genau zuhören
20. patnáct - fünfzehn
21. podlaha - der Boden
22. polovina - halb
23. pomocník - der Helfer
24. poradce - Berater
25. pozice - die Position
26. příběh - die Geschichte
27. proud - der Strom
28. ruka - der Arm
29. šedesát - sechzig
30. šedivý - grauhaarig
31. silný - stark
32. smrtelný - tödlich
33. souhlasit - einverstanden sein
34. taky, též - auch
35. ten samý/ta samá/to samé - der/die/das gleiche; v ten samý okamžik - gleichzeitig
36. třást (se) - zittern
37. vážně - ernst
38. vydavatelství - der Verlag
39. za/na hodinu - pro Stunde
40. zkušenost - die Erfahrung
41. zmatený - verwirrt
42. znát se navzájem - sich kennen

B

Pracovní agentura

Eine Arbeitsvermittlung

Jednoho dne jde Alexander do Mikeova pokoje a vidí, že jeho přítel leží se na posteli a třese se. Alexander vidí nějaké elektrické kabely, které jdou od Mikea k elektrické konvici. Alexander si myslí, že Mike je pod smrtícím elektrickým proudem. Rychle jde do postele, vezme matraci a silně zatáhne. Mike padá na podlahu. Pak se postaví a dívá se překvapeně na Alexandra.

„Co to bylo?" ptá se Mike.

„Byl jsi na elektrickém proudu," říká Alexander.

„Ne, já poslouchal hudbu," Mike říká a ukazuje na jeho CD přehrávač.

Eines Tages kommt Alexander in Mikes Zimmer und sieht seinen Freund zitternd auf dem Bett liegen. Alexander sieht einige Stromkabel, die von Mike zum Wasserkocher führen. Alexander glaubt, dass Mike einen tödlichen Stromschlag abbekommen hat. Er geht schnell zum Bett, nimmt die Matratze und zieht stark daran. Mike fällt auf den Boden. Dann steht er auf und sieht Alexander verwundert an.

„Was war das denn?", fragt Mike.

„Du standest unter Strom", sagt Alexander.

„Nein, ich habe Musik gehört", sagt Mike und zeigt auf seinen CD-Spieler.

„Ach, je mi to líto," říká Alexander. Je zmatený.

„To je v pořádku. Nedělej si starosti," odpoví Mike tiše a čistí si kalhoty.

„Jdeme se Stefanem do pracovní agentury. Chceš jít s námi?" ptá se Alexander.

„Jistě. Pojedeme spolu," říká Mike.

Jdou ven a berou si autobus číslo sedm. Do pracovní agentury jim to trvá asi patnáct minut. Stefan je už tam. Vejdou do budovy. Před kanceláří pracovní agentury je dlouhá fronta. Stojí ve frontě. Za půl hodiny přijdou do kanceláře. Je tam stůl a několik regálů s knihami. U stolu sedí muž se šedivou hlavou. Je mu asi šedesát let.

„Pojďte dál, kluci!" říká přátelsky, „sedněte si, prosím."

Stefan, Mike a Alexander se posadí.

„Jmenuji se Georg Profit. Jsem pracovní poradce. Obvykle mluvím s návštěvníky jednotlivě. Ale když jste všichni studenti a navzájem se znáte, můžu s vámi konzultovat dohromady. Souhlasíte?"

„Ano, pane," říká Stefan, „máme tři nebo čtyři hodiny volného času každý den. Potřebujeme si najít práci na ten čas, pane."

„Dobře. Mám nějakou práci pro studenty. A vy si sundejte ten přehrávač," říká pan Profit Mikeovi.

„Můžu poslouchat současně vás a hudbu," říká Mike.

„Jestli si vážně chcete sehnat práci, sundejte si ten přehrávač a pozorně poslouchejte co říkám," říká pan Profit, „a teď, kluci, řeknete mi jakou práci potřebujete? Hledáte duševní, nebo tělesnou práci?"

„Zvládnu všechny práce," říká Alexander, „jsem silný. Chcete se přetláčovat?" povídá a položí ruku na stůl pana Profita.

„Tohle není žádný sportovní klub, ale jestli chceš..." říká pan Profit. Položí si ruku na stůl a rychle stlačí Alexandrovu ruku dolů, „jak vidíte, synu, musíte být nejen silný, ale také chytrý."

„Oh, Entschuldigung", sagt Alexander. Er ist verwirrt.

„Schon gut, mach dir keinen Kopf", sagt Mike ruhig und macht seine Hose sauber.

„Stefan und ich gehen zu einer Arbeitsvermittlung. Willst du mitkommen?", fragt Alexander.

„Klar, lass uns zusammen gehen", sagt Mike.

Sie gehen nach draußen und nehmen den Bus Nummer 7. Sie brauchen etwa fünfzehn Minuten bis zur Arbeitsvermittlung. Stefan ist schon dort. Sie betreten das Gebäude. Vor dem Büro der Arbeitsvermittlung ist eine lange Schlange. Sie stellen sich an. Nach einer halben Stunde betreten sie das Büro. Im Zimmer sind ein Stuhl und ein paar Bücherregale. Am Tisch sitzt ein grauhaariger Mann. Er ist etwa sechzig.

„Kommt rein, Jungs", sagt er freundlich. „Setzt euch, bitte."

Stefan, Mike und Alexander setzen sich.

„Ich bin Georg Profit. Ich bin Arbeitsberater. Normalerweise spreche ich einzeln mit Besuchern. Aber da ihr alle Studenten seid und euch kennt, kann ich euch zusammen beraten. Seid ihr einverstanden?"

„Ja", sagt Stefan. „Wir haben drei, vier Stunden frei pro Tag. Wir brauchen für diese Zeit einen Job."

„Gut, ich habe ein paar Jobs für Studenten. Und du, mach deinen CD-Spieler aus", sagt Herr Profit zu Mike.

„Ich kann gleichzeitig Ihnen zuhören und Musik hören", sagt Mike.

„Wenn du ernsthaft einen Job willst, mach die Musik aus und hör mir genau zu", sagt Herr Profit. „Also, was für einen Job wollt ihr denn. Wollt ihr Hand- oder Kopfarbeit?

„Ich kann jede Arbeit machen", sagt Alexander. „Ich bin stark. Wollen Sie es testen?", fragt er und stützt seinen Arm auf Herrn Profits Tisch auf.

„Das hier ist kein Sportverein, aber wenn du willst..." sagt Herr Profit. Er stützt seinen Arm auf den Tisch auf und drückt Alexanders Arm schnell nach unten. „Wie du siehst, musst du nicht nur stark, sondern auch schlau sein."

„Mohu také pracovat duševně, pane," říká Alexander znovu. Moc chce získat práci. „Můžu psát příběhy. Mám nějaké příběhy o svém rodném městě."

„To je velmi zajímavé," říká pan Profit. Bere list papíru, „Vydavatelství ‚All-round' potřebuje mladého pomocníka na spisovatelskou pozici. Platí devět euro za hodinu."

„Super!" říká Alexander, „Mohu to zkusit?"

„Jistě. Tady je jejich telefonní číslo a jejich adresa," říká pan Profit a podává Alexandrovi list papíru.

„A vy, kluci, si můžete vybrat práci na farmě, v počítačovém podniku, v novinách nebo v supermarketu. Pokud nemáte žádnou zkušenost, doporučuji vám začít pracovat na farmě. Potřebují dva pracovníky," říká pan Profit Stefanovi a Mikeovi.

„Kolik platí?" ptá se Stefan.

„Dovolte mi podívat se..." pan Profit se podívá do počítače, „potřebují pracovníky pro tři nebo čtyři hodiny denně a platí sedm eur za hodinu. V soboty a neděle jsou volné. Souhlasíte?" ptá se.

„Souhlasím," říká Stefan.

„Já taky souhlasím," říká Mike.

„Dobře. Vezměte si telefonní číslo a adresu farmy," říká pan Profit a podává jim list papíru.

„Děkujeme, pane," říkají kluci a jdou ven.

„Ich kann auch Denkarbeit machen", sagt Alexander. Er will unbedingt einen Job. „Ich kann Geschichten schreiben. Ich habe ein paar Geschichten über meine Heimatstadt."

„Das ist sehr interessant", sagt Herr Profit. Er greift nach einem Blatt Papier. „Der Verlag ‚All-Round' braucht einen jungen Helfer als Schreiber. Sie zahlen neun Euro pro Stunde."

„Super", sagt Alexander. „Kann ich das versuchen?"

„Natürlich. Hier sind Telefonnummer und Adresse", sagt Herr Profit und gibt Alexander ein Blatt Papier.

„Und ihr Jungs könnt zwischen einem Job auf einem Bauernhof, in einer Computerfirma, bei einer Zeitung oder im Supermarkt wählen. Da ihr keine Erfahrung habt, empfehle ich euch, mit der Arbeit auf dem Bauernhof anzufangen. Sie brauchen zwei Arbeiter", sagt Herr Profit zu Stefan und Mike.

„Wie viel zahlen sie?", fragt Stefan.

„Mal schaun...", Herr Profit schaut auf den Computer. „Sie brauchen Arbeiter für drei oder vier Stunden am Tag und zahlen sieben Euro pro Stunde. Samstag und Sonntag sind frei. Seid ihr einverstanden?", fragt er.

„Ja, bin ich", sagt Stefan.

„Ich auch", sagt Mike.

„Gut, nehmt die Telefonnummer und die Adresse des Bauernhofs", sagt Herr Profit und gibt ihnen eine Blatt Papier.

„Dankeschön, Herr Profit", sagen die Jungs und gehen nach draußen.

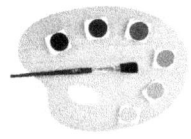

19

Stefan a Mike myjí nákladˇák (část 1)

Stefan und Mike waschen den Laster (Teil 1)

 A

Slovní zásoba
Vokabeln

1. blíž - näher
2. brzda - die Bremse, brzdit - bremsen
3. čekat - warten
4. čistit, uklízet - sauber machen, putzen
5. čtvrtý - vierte
6. dál - weiter
7. daleko - weit
8. desátý - zehnter
9. devátý - neunter
10. docela, vcelku, celkem - ziemlich
11. druhý - zweiter
12. dvůr - der Hof
13. kolem, podél - entlang
14. kolo - das Rad

15. kontrolovat - kontrollieren
16. krabice - die Kiste
17. loď - das Schiff
18. majitel, vlastník - der Besitzer
19. metr - der Meter
20. mnoho, hodně - viel
21. moře - das Meer
22. motor - der Motor
23. mýt, umývat - waschen, putzen
24. nadnášet - schaukeln
25. naložit - laden
26. nasednout, vkročit - treten
27. nejdřív - erst
28. nést se - schaukeln, treiben
29. osivo - das Saatgut
30. osmý - achter
31. pátý - fünfter
32. plout, plavat - treiben
33. poblíž - nahe
34. pobřeží - die Küste
35. pole - das Feld
36. pomalu - langsam
37. používat - benutzen
38. přední - vorne; přední kola - die Vorderräder
39. přijet - ankommen
40. řidičský průkaz - der Führerschein
41. sedmý - siebter
42. šestý - sechster
43. síla - die Stärke
44. silnice - die Straße
45. šlápnout - treten
46. stroj - die Maschine
47. třetí - dritter
48. větší - größer
49. vhodný - passend
50. vlna - die Welle
51. vyložit - abladen
52. začít - anfangen
53. zaměstnavatel - der Arbeitgeber

B

Stefan a Mike myjí nákladák (část 1)

Stefan a Mike teď pracují na farmě. Pracují tři nebo čtyři hodiny denně. Práce je velmi těžká. Musejí udělat spoustu práce každý den. Každý druhý den čistí dvůr farmy. Každý třetí den myjí stroje na farmě. Každý čtvrtý den pracují na faremním poli.

Jejich zaměstnavatel se jmenuje Uwe Schmidt. Pan Schmidt je majitelem statku a dělá většinu

Stefan und Mike waschen den Laster (Teil 1)

Stefan und Mike arbeiten jetzt auf einem Bauernhof. Sie arbeiten drei, vier Stunden am Tag. Die Arbeit ist ziemlich schwer. Sie müssen jeden Tag viel arbeiten. Sie machen den Hof jeden zweiten Tag sauber. Sie putzen die Maschinen jeden dritten Tag. Jeden vierten Tag arbeiten sie auf den Feldern.

Ihr Arbeitgeber heißt Uwe Schmidt. Herr Schmidt ist der Besitzer des Bauernhofs und er macht die meiste Arbeit.

práce. Pan Schmidt pracuje velmi tvrdě. Také dává hodně práce Stefanovi a Mikeovi.

„Hej, kluci, dokončete čištění strojů, vemte náklaďák a jeďte do dopravního podniku Rapid," říká pan Schmidt, „mají pro mě náklad. Naložte bedny s osivem do dodávky, dovezte je na farmu a vyložte je na dvůr farmy. Udělejte to rychle, protože dnes potřebuju osivo. A nezapomeňte umýt náklaďák."

„Dobře," říká Stefan. Dokončí úklid a nasednou do auta. Stefan má řidičský průkaz, takže náklaďák řídí on. Nastartuje motor a zprvu pomalu projede přes dvůr farmy, pak rychle po silnici. Dopravní podnik Rapid není daleko od farmy. Dorazí tam za patnáct minut. Hledají nakládací dveře číslo deset.

Stefan řídí náklaďák pečlivě po nakládacím dvoru. Jedou kolem prvních nakládacích dveří, kolem druhých nakládacích dveří, kolem třetích, kolem čtvrtých, kolem pátých, kolem šestých, kolem sedmých, kolem osmých, kolem devátých nakládacích dveří. Stefan namíří do desátých nakládacích dveří a zastaví.

„Nejdřív musíme zkontrolovat ložný list," říká Mike, jelikož už má zkušenosti s ložnými listy v tomto dopravním podniku. Jde za nakladačem, který pracuje u dveří a dává mu ložný list. Nakladač rychle naloží pět krabic do jejich auta. Mike kontroluje krabice pečlivě. Všechna čísla na krabicích mají čísla z ložného listu.

„Čísla jsou správné. Teď můžeme jet," říká Mike

„Dobře," říká Stefan a nastartuje motor, „myslím, že můžeme umýt auto teď. Nedaleko odtud je jedno vhodné místo."

Za pět minut dorazí na pobřeží.

„Chceš umýt auto tady?" překvapeně se ptá Mike.

„Jo! Je zde hezky, ne?" říká Stefan.

„A kde vezmeme vědro?" ptá se Mike.

„Nepotřebujeme žádné vědro. Zajedu blízko k

Herr Schmidt arbeitet sehr hart. Er gibt Stefan und Mike auch viel Arbeit.

„Hey Jungs, macht die Maschinen fertig sauber und fahrt dann mit dem Laster zur Transportfirma Rapid", sagt Herr Schmidt. „Sie haben eine Ladung für mich. Ladet die Kisten mit dem Saatgut auf den Laster, bringt sie zum Bauernhof und ladet sie auf dem Hof ab. Beeilt euch, denn ich brauche das Saatgut heute. Und vergesst nicht, den Laster zu waschen."

„Okay", sagt Stefan. Sie machen die Maschine fertig sauber und steigen in den Laster. Stefan hat einen Führerschein, deswegen fährt er. Er macht den Motor an, fährt erst langsam durch den Hof und dann schnell die Straße entlang. Die Transportfirma Rapid ist nicht weit vom Bauernhof. Sie kommen dort nach fünfzehn Minuten an. Dort suchen sie die Verladetür Nummer zehn.

Stefan fährt den Laster vorsichtig über den Hof. Sie fahren an der ersten Verladetür vorbei, an der zweiten, an der dritten, an der vierten, an der fünften, an der sechsten, an der siebten, an der achten und dann an der neunten. Stefan fährt zur zehnten Verladetür und hält an.

„Wir müssen erst die Ladeliste kontrollieren", sagt Mike, der schon Erfahrung mit den Ladelisten in dieser Firma hat. Er geht zum Verlader, der an der Tür arbeitet, und gibt ihm die Ladeliste. Der Verlader lädt schnell fünf Kisten in ihren Laster. Mike kontrolliert die Kisten sorgfältig. Alle Kisten haben Nummern von der Ladeliste.

„Die Nummern stimmen. Wir können jetzt gehen", sagt Mike.

„Okay", sagt Stefan und macht den Motor an. „Ich denke, wir können jetzt den Laster waschen. Nicht weit von hier ist ein passender Ort."

Nach fünf Minuten kommen sie an die Küste.

„Willst du den Laster hier waschen?", fragt Mike überrascht.

„Ja! Schöner Platz, nicht?", sagt Stefan.

„Und woher bekommen wir einen Eimer?", fragt Mike.

„Wir brauchen keinen Eimer. Ich fahre ganz nah ans

moři. Vodu si vezmeme z moře," říká Stefan a jede velmi blízko k vodě. Přední kola jedou do vody a vlny přejdou přes ně.

„Pojďme ven a začněme mýt," říká Mike.

„Počkej chvilku. Pojedu ještě trochu blíž," říká Stefan a jede autem dál o jeden nebo dva metry, „teď je to lepší."

Vtom přijde větší vlna a voda náklaďák kousek nazvedne a nese jej pomalu dál do moře.

„Přestaň! Stefane, zastav!" křičí Mike, „jsme už ve vodě! Prosím, zastav!"

„Nelze to zastavit!!" křičí Stefan a šlape na brzdu se vší silou, „nemohu to zastavit!"

Náklaďák pomalu plave dál v moři, nadnášejíc se na vlnách jako malá loď.

(pokračování)

Meer. Wir nehmen das Wasser aus dem Meer", sagt Stefan und fährt ganz nah ans Wasser. Die Vorderräder stehen im Wasser und die Wellen umspülen sie.

„Lass uns aussteigen und anfangen, zu waschen", sagt Mike.

„Warte kurz, ich fahre noch etwas näher ran", sagt Stefan und fährt ein, zwei Meter weiter. „So ist es besser."

Da kommt eine größere Welle und das Wasser hebt den Laster ein bisschen nach oben und trägt ihn langsam weiter ins Meer.

„Stopp! Stefan, halte den Laster an!", ruft Mike. „Wir sind schon im Wasser! Bitte, halt an!"

„Er hält nicht an!", ruft Stefan und tritt mit aller Kraft die Bremse. „Ich kann ihn nicht anhalten."

Der Laster treibt langsam weiter aufs Meer und schaukelt auf den Wellen wie ein kleines Schiff.

(Fortsetzung folgt)

20

Stefan a Mike myjí nákla'ák (část 2)
Stefan und Mike waschen den Laster (Teil 2)

 A

Slovní zásoba
Vokabeln

1. byli - waren
2. chtěl - wollte
3. drahý - liebe
4. dvacet pět - fünfundzwanzig
5. fotografovat - fotografieren; fotograf - der Fotograf
6. konstantní, neustálý - beständig
7. kontrola - die Kontrolle
8. krmit - füttern
9. levý - links
10. nehoda - der Unfall
11. nikdy - nie
12. novinář - der Journalist
13. očištěný - gesäubert
14. olej - das Öl

15. oznámit, informovat - informieren, mitteilen
16. peníze - das Geld
17. pětadvacet - fünfundzwanzig
18. plavat - schwimmen
19. plovoucí - treiben
20. pobřeží - die Küste
21. pravý - rechts
22. před - vor; před rokem - vor einem Jahr
23. příklad - das Beispiel; například - zum Beispiel
24. proud - der Fluss
25. pták - der Vogel
26. pustit na svobodu - freisetzen
27. řeč, projev - die Rede
28. rehabilitace, ošetření - die Genesung, Rehabilitation
29. rehabilitovat, ošetřovat - gesund pflegen
30. řídit, točit volantem - lenken
31. situace - die Situation
32. slavnost - die Feier
33. smát se - lichen
34. spolknout - (hinunter)schlucken
35. stát se, přihodit se - passieren, stalo se - passiert
36. tanker - der Tanker
37. úžasný - wunderbar
38. užívat si, vychutnávat si - Spaß haben, genießen
39. velryba - der Wal, kosatka - der Schwertwal
40. vítr - der Wind
41. vrah - der Mörder
42. vyrazit - feuern
43. zachránit - retten
44. záchranná služba - der Rettungsdienst
45. zítra - morgen

B

Stefan a Mike myjí náklaďák (část 2)

Náklaďák plave pomalu dál v moři nadnášejíc se na vlnách jako malá loď.

Stefan točí volantem doleva a doprava, šlápe na brzdu a plyn. Ale nemůže náklaďák kontrolovat. Silný vítr jej postrkuje podél mořského břehu. Stefan a Mike neví co dělat. Jenom sedí a dívají se z oken. Mořská voda začíná pronikat dovnitř.

„Pojďme ven a posaďme se na střechu," říká Mike.

Stefan und Mike waschen den Laster (Teil 2)

Der Laster treibt langsam weiter aufs Meer und schaukelt auf den Wellen wie ein kleines Schiff.

Stefan lenkt nach links und nach rechts, während er auf die Bremse und aufs Gas tritt. Aber er kann den Laster nicht kontrollieren. Ein starker Wind trägt ihn die Küste entlang. Stefan und Mike wissen nicht, was sie tun sollen. Sie sitzen einfach da und schauen aus dem Fenster. Das Meerwasser beginnt, in den Laster zu laufen.

„Lass uns nach draußen gehen und uns aufs Dach setzen", sagt Mike.

Posadí se na střechu.

„Zajímalo by mě, co na to řekne pan Schmidt," říká Mike.

Náklaďák pomalu plave asi dvacet metrů od břehu. Někteří lidé se zastaví při břehu a dívají se na ně v překvapení.

„Pan Schmidt nás může vyrazit," odpoví Stefan.

Mezitím přichází do své kanceláře vedoucí univerzity pan Bauer. Sekretářka mu říká, že dnes budou mít slavnost. Pustí na svobodu dva mořské ptáky, jež jsou po ošetření. Pracovníci rehabilitačního střediska je očistili od oleje po nehodě s tankerem Gran Pollución. K nehodě došlo před měsícem. Pan Bauer musí pronést řeč. Obřad začíná za dvacet pět minut.

Pan Bauer a jeho sekretářka si berou taxi a za deset minut dorazí na místo slavnosti. Tito dva ptáci už tam jsou. Teď nejsou tak bílí jako obvykle. Ale znovu můžou plavat a létat. Je zde mnoho lidí, novinářů a fotografů. Za dvě minuty začíná slavnost. Pan Bauer začne svou řeč.

„Drazí přátelé!" říká, „k incidentu s tankerem Gran Pollución došlo na tomhle místě před měsícem. Teď musíme ošetřit mnoho ptáků a zvířat. Stojí to hodně peněz. Například ošetření každého z těchto ptáků stojí 5000 dolarů! Jsem rád, že vám můžu oznámit, že teď, po měsíci rehabilitace budou tito dva úžasní ptáci propuštěni na svobodu."

Dva muži vezmou krabici s ptáky, přinesou ji k vodě a otevřou ji. Ptáci vyjdou z krabice a potom skočí do vody a plavou. Fotografové fotí. Novináři se ptají pracovníků rehabilitačního centra na zvířata.

Náhle se zde zjeví velká kosatka, rychle spolkne ty dva ptáky a zase se ponoří. Všichni lidé se dívají na místo, kde byli předtím ptáci. Vedoucí univerzity nemůže uvěřit vlastním očím. Kosatka se znovu vynoří a hledá další ptáky. Jelikož zde již žádní další ptáci nejsou, ponoří se znovu. Pan Bauer musí dokončit svůj proslov.

„Ach..." hledá vhodná slova, „úžasný,

Sie setzen sich aufs Dach.

„Ich frage mich, was Herr Schmidt sagen wird", sagt Mike.

Der Laster treibt langsam etwa zwanzig Meter von der Küste entfernt. Einige Leute an der Küste bleiben stehen und schauen verwundert.

„Herr Schmidt wird uns wohl feuern", antwortet Stefan.

In der Zwischenzeit kommt der Direktor der Universität, Herr Bauer, in sein Büro. Die Sekretärin sagt ihm, dass es heute eine Feier gibt. Sie werden zwei Vögel nach deren Genesung freisetzen. Arbeiter des Rehabilitationszentrums haben sie nach dem Unfall mit dem Tanker Gran Pollución von Öl gesäubert. Der Unfall passierte vor einem Monat. Herr Bauer muss dort eine Rede halten. Die Feier beginnt in fünfundzwanzig Minuten.

Herr Bauer und seine Sekretärin nehmen ein Taxi und kommen nach zehn Minuten am Ort der Feier an. Die zwei Vögel sind bereits da. Jetzt sind sie nicht so weiß wie normalerweise. Aber sie können wieder schwimmen und fliegen. Es sind viele Menschen, Journalisten und Fotografen da. Zwei Minuten später beginnt die Feier. Herr Bauer beginnt seine Rede.

„Liebe Freunde", sagt er. „Vor einem Monat passierte an dieser Stelle der Unfall mit dem Tanker Gran Pollución. Wir müssen jetzt viele Vögel und Tiere gesund pflegen. Das kostet viel Geld. Die Rehabilitation dieser zwei Vögel zum Beispiel kostet 5000 Euro. Und es freut mich, Ihnen mitteilen zu können, dass diese zwei wunderbaren Vögel nach einem Monat Rehabilitation freigesetzt werden."

Zwei Männer nehmen die Kiste mit den Vögeln, bringen sie zum Wasser und öffnen sie. Die Vögel kommen aus der Kiste, springen ins Wasser und schwimmen. Die Fotografen machen Fotos. Die Journalisten befragen Arbeiter des Rehabilitationszentrums über die Tiere.

Plötzlich taucht ein großer Schwertwal auf, schluckt schnell die zwei Vögel hinunter und verschwindet wieder. Alle Leute schauen auf die Stelle, an der die Vögel zuvor gewesen waren. Der Direktor der Universität traut seinen Augen nicht. Der Schwertwal taucht wieder auf und sucht nach mehr Vögeln. Da es keine Vögel mehr gibt, verschwindet er wieder. Herr Bauer muss seine Rede beenden.

„Ähm...", er sucht nach passenden Worten. „Der wundervolle, beständige Fluss des Lebens hört nie auf.

konstantní tok života nikdy nepřestane. Větší zvířata jedí menší zvířata a tak dále... ach... co to je?" říká při pohledu na vodu. Všichni lidé se tam dívají a vidí velké auto plovoucí podél břehu nadnášejíc se na vlnách jako loď. Na něm sedí dva kluci a koukají se na místo slavnosti.

„Dobrý den, pane Bauere," Mike říká, „proč krmíte kosatky těmi ptáky?"

„Dobrý den, Miku," odpoví pan Bauer, „co tam děláte, kluci?"

„Chtěli jsme umýt auto," odpoví Stefan.

„To vidím," říká pan Bauer. Někteří lidé se tou situací začnou bavit. Začnou se smát.

„Dobře, zavolám záchrannou službu. Dostanou vás ven z vody. A chci vás zítra vidět v mé kanceláři," říká vedoucí univerzity a přivolá záchrannou službu.

Größere Tiere essen kleinere Tiere und so weiter...ähm..was ist das?", fragt er aufs Wasser schauend. Alle schauen aufs Wasser und sehen einen großen Laster, der die Küste entlang treibt und auf den Wellen schaukelt wie ein Schiff. Zwei Jungen sitzen auf ihm und schauen zum Platz der Feier.

„Hallo Herr Bauer", sagt Mike. „Warum füttern Sie Schwertwale mit Vögeln?"

„Hallo Mike", antwortet Herr Bauer. „Was macht ihr da, Jungs?"

„Wir wollten den Laster waschen", sagt Stefan.

„Alles klar", sagt Herr Bauer. Einige Leute beginnen, an der Situation ihren Spaß zu haben. Sie fangen an, zu lachen.

„Gut, ich rufe jetzt den Rettungsdienst. Der wird euch aus dem Wasser holen. Und ich möchte euch morgen in meinem Büro sehen", sagt der Direktor der Universität und ruft den Rettungsdienst.

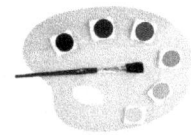

21

Vyučovací hodina

Eine Unterrichtsstunde

A

Slovní zásoba

Vokabeln

1. bez - ohne; beze slova - wortlos
2. děti - die Kinder
3. důležitý - wichtig
4. džbán - der Krug
5. jež - der, die, das (Konj.)
6. jiné - andere
7. kámen - der Stein
8. který - welche, der
9. lehko, mírně - leicht
10. malý - klein
11. medicínský - medizinisch
12. méně, míň - weniger
13. mezi - zwischen
14. (na)lít, (na)sypat - schütten

15. (na)místo - stattdessen
16. opravdu - wirklich
17. pečovat, starat se o - sich kümmern um
18. písek - der Sand
19. pořád, ještě - noch, weiterhin
20. pozornost - die Aufmerksamkeit; věnovat pozornost, dávat pozor (na) - achten auf
21. prázdný - leer
22. přítel - der Freund
23. přítelkyně - die Freundin
24. rodič - die Eltern
25. štěstí - das Glück
26. televize - der Fernseher
27. třída - die Klasse
28. utrácet, trávit - ausgeben, verwenden
29. věc - das Ding, die Sache; tyto věci - diese Dinge
30. vždy, pořád - immer
31. zdraví - die Gesundheit
32. ztratit - verlieren
33. zůstat - bleiben

B

Vyučovací hodina

Eine Unterrichtsstunde

Vedoucí školy stojí před třídou. Na stole před ním jsou nějaké krabice a další věci. Když výuka začne, vezme velký prázdný džbán a beze slov ho naplňuje velkými kameny.

„Myslíte si, že ten džbán je již plný?" ptá se pan Bauer studentů.

„Ano, je," souhlasí studenti.

Potom vezme krabici s velmi malými kameny a sype je do džbánu. Mírně džbánem zatřese. Kamínky, samozřejmě, vyplní prostor mezi velkými kameny.

„Co si myslíte teď? Džbán je již plný, že?" pan Bauer se jich ptá znovu.

„Ano. Teď je plný," studenti se shodnou opět. Začínají si tuto vyučovací hodinu užívat. Začínají se smát.

Pak pan Bauer vezme krabici s pískem a sype jej do džbánu. Samozřejmě, že písek zaplní všechny ostatní mezery.

„A teď chci, abyste přemýšleli o tomto džbánu jako o lidském životě. Velké kameny jsou

Der Direktor der Universität steht vor der Klasse. Auf dem Tisch vor ihm liegen Kisten und andere Dinge. Als der Unterricht beginnt, nimmt er einen großen, leeren Krug und füllt ihn wortlos mit großen Steinen.

„Meint ihr, dass der Krug schon voll ist?", fragt Herr Bauer die Studenten.

„Ja, das ist er", stimmen die Studenten zu.

Da nimmt er eine Kiste mit sehr kleinen Steinen und schüttet sie in den Krug. Er schüttelt den Krug leicht. Die kleinen Steine füllen natürlich den Platz zwischen den großen Steinen.

„Was meint ihr jetzt? Der Krug ist voll, oder nicht?", fragt Herr Bauer sie wieder.

„Ja, das ist er. Er ist jetzt voll", stimmen die Studenten wieder zu. Der Unterricht beginnt, ihnen Spaß zu machen. Sie lachen.

Da nimmt Herr Bauer eine Kiste mit Sand und schüttet ihn in den Krug. Der Sand füllt natürlich den restlichen Platz.

„Jetzt möchte ich, dass ihr in diesem Krug das Leben seht. Die großen Steine sind wichtige Dinge - eure

důležité věci - vaše rodina, přítelkyně nebo přítel, vaše zdraví, vaše děti, vaši rodiče - věci, které zůstanou, i když všechno ostatní ztratíte, váš život bude pořád plný. Kamínky jsou ostatní věci, které jsou méně důležité. Jsou to věci jako váš dům, vaše práce, vaše auto. Písek je to všechno ostatní - malé věci. Jestli nasypete písek do toho džbánu jako první, nezbyde žádný prostor pro malé nebo velké kameny. Totéž platí pro život. Pokud vynaložíte všechen váš čas a energii na malé věci, nikdy nebudete mít prostor pro věci, které jsou pro vás důležité. Věnujete vaši pozornost věcem, které jsou pro vaše štěstí nejdůležitější. Hrajte si se svými dětmi nebo rodiči. Najděte si čas na lékařské testy. Vezměte svého přítele nebo přítelkyni na kávu. Vždycky si najdete čas jít do práce, uklízet a dívat se na televizi," pan Bauer říká, „postarejte se nejdřív o velké kameny - věci, které jsou opravdu důležité. Všechno ostatní je jen písek," kouká na studenty, „A teď, Mikeu a Stefane, co je pro vás důležitější - mytí auta nebo vaše životy? Plavete si na nákladním autě v moři jako na lodi jen proto, že jste chtěli umýt auto. Myslíte, že není jiný způsob, jak jej umýt?"

„Ne, nemyslíme si to," říká Stefan.

„Auto můžete umýt v autoumyčce, ne?" říká pan Bauer.

„Ano, lze," řeknou studenti.

„Musíte vždy nejdřív myslet předtím, než něco uděláte. Vždy se musíte postarat o velké kameny, jasné?"

„Ano, musíme," odpoví studenti.

Familie, eure Freundin oder euer Freund, Gesundheit, Kinder, Eltern - Dinge, die euer Leben, wenn ihr alles verliert und nur sie bleiben, weiterhin füllen. Kleine Steine sind andere Dinge, die weniger wichtig sind. Dinge wie euer Haus, Job, Auto. Der Sand ist alles andere - die kleinen Dinge. Wenn ihr zuerst Sand in den Krug füllt, bleibt kein Platz für kleine oder große Steine. Das Gleiche gilt fürs Leben. Wenn ihr eure ganze Zeit und Energie für die kleinen Dinge verwendet, werdet ihr nie Platz für die Dinge haben, die euch wichtig sind. Achtet auf Dinge, die für euer Glück am wichtigsten sind. Spielt mit euren Kindern oder Eltern. Nehmt euch die Zeit für medizinische Untersuchungen. Geht mit eurer Freundin oder eurem Freund ins Café. Es wird immer Zeit bleiben, um zu arbeiten, das Haus zu putzen oder fernzusehen", sagt Herr Bauer. „Kümmert euch erst um die großen Steine - um die Dinge, die wirklich wichtig sind. Alles andere ist nur Sand", er schaut die Studenten an. „Nun, Mike und Stefan, was ist euch wichtiger - einen Laster zu waschen oder euer Leben? Ihr treibt auf einem Laster im Meer wie auf einem Schiff, nur weil ihr den Laster waschen wolltet. Glaubt ihr, dass es keine andere Möglichkeit gibt, ihn zu waschen?"

„Nein, das glauben wir nicht", sagt Stefan.

„Man kann einen Laster stattdessen in einer Waschanlage waschen, nicht wahr?", sagt Herr Bauer.

„Ja, das kann man", sagen die Studenten.

„Ihr müsst immer erst nachdenken, bevor ihr handelt. Ihr müsst euch immer um die großen Steine kümmern, okay?"

„Ja, das müssen wir", antworten die Studenten.

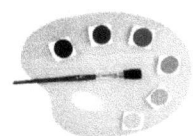

22

Alexander pracuje ve vydavatelství
Alexander arbeitet in einem Verlag

Slovní zásoba
Vokabeln

1. ahoj - hallo
2. atd. - usw.
3. bežet, utíkat - laufen
4. budoucí - zukünftig
5. časopis, magazín - die Zeitschrift
6. chladný - kalt; chlad - die Kälte
7. chůze - gehen, laufen
8. člověk, lidská bytost - der Mensch
9. déšť - der Regen
10. dostat - bekommen
11. hotový - fertig
12. hrát (si) - spielen
13. jelikož, protože - da, weil
14. jiný, rozličný, různý - verschieden
15. koordinace - die Koordination
16. kreativní - kreativ
17. mluvit s, povídat si - sich unterhalten
18. možný - möglich; tak často, jak je to možné / co nejčastěji - so oft wie möglich
19. nejmíň, nejméně - wenigstens

20. nic - nichts
21. nikdo - niemand
22. nos - die Nase
23. noviny - die Zeitung
24. odmítnout - ablehnen
25. pípnutí, signál - der Piepton
26. povolání, profese - der Beruf
27. práce, kompozice, text - der Entwurf, der Text
28. pravidlo - die Regel
29. především - vor allem
30. příběh - die Geschichte
31. prodat - verkaufen
32. rozvinout, vyvinout - entwickeln
33. schody - die Treppe
34. schopnost - die Fähigkeit
35. smutný - traurig
36. spánek - schlafen
37. společnost, podnik - die Firma
38. svět - die Welt
39. text - der Text
40. těžký - schwer
41. tma, tmavý - dunkel
42. třicet - dreißig
43. venku - draußen
44. volat, zavolat - anrufen
45. vypracovat, složit - entwerfen, verfassen
46. vyrábět - herstellen
47. zábavný - lustig
48. zákazník - der Kunde
49. zaznamenat - aufnehmen
50. záznamník - der Anrufbeantworter

 B

Alexander pracuje ve vydavatelství

Alexander pracuje jako mladý pomocník ve vydavatelství All-round. Jeho prací je psaní.

„Alexandře, naše firma se jmenuje All-round," říká mu vedoucí podniku, pan Stark, „a to znamená, že dokážeme pro zákazníka vytvořit jakýkoliv text nebo design textu. Máme mnoho zakázek od novin, časopisů a od ostatních zákazníků. Každá objednávka je jiná, ale nikdy žádnou neodmítáme."

Alexander má tuhle práci hodně rád, protože může rozvíjet své tvůrčí schopnosti. Má rád tvůrčí práci jako psaní kompozic a design. Protože studuje design ve škole, je to pro jeho budoucí povolání velmi vhodná práce.

Alexander arbeitet in einem Verlag

Alexander arbeitet als junger Helfer im Verlag All-Round. Er erledigt Schreibarbeiten.

„Alexander, unsere Firma heißt All-Round", sagt der Firmenchef Herr Stark. „Und das heißt, dass wir für jeden Kunden jede Art von Text und Design entwickeln können. Wir bekommen viele Aufträge von Zeitungen, Zeitschriften und anderen Kunden. Alle Aufträge sind verschieden, aber wir lehnen nie einen ab."

Alexander mag diesen Job sehr, da er kreative Fähigkeiten entwickeln kann. Kreative Arbeit wie Schreiben und Design gefällt ihm. Da er Design an der Universität studiert, ist es ein passender Job für seinen zukünftigen Beruf.

Heute hat Herr Stark neue Aufgaben für ihn.

Pan Stark má dnes pro něj nějaké nové úkoly.

„Máme nějaké objednávky. Můžeš udělat dvě z nich," říká pan Stark, „První objednávka je od telefonní společnosti. Vyrábí telefony se záznamníky. Potřebují nějaké vtipné texty pro záznamníky. Nic neprodává lépe než vtipné věci. Napiš čtyři nebo pět textů, prosím."

„Jaké dlouhé mají být?" ptá se Alexander.

„Mohou být dlouhé od pěti do třiceti slov," pan Stark odpoví, „A druhá objednávka je od časopisu ‚Zelený svět'. Tenhle časopis píše o zvířatech, ptácích, rybách atd. Potřebují text o libovolném domácím zvířeti. Může to být legrační nebo smutný, nebo prostě příběh o tvém zvířeti. Máš nějaké zvíře?"

„Ano. Mám kočku. Jmenuje se Minka," Alexander odpoví, „A myslím, že můžu napsat příběh o jejích tricích. Kdy to musí být hotové?"

„Tyto dvě objednávky musí být do zítřka připraveny," odpoví pan Stark.

„Dobře. Mohu začít teď?" ptá se Alexander.

„Ano, Alexandře," říká pan Stark.

Alexander přinese ty texty příští den. Má pět textů pro záznamníky. Pan Stark čte:

1. „Ahoj. Teď něco řekni."

2. „Dobrý den. Já jsem záznamník. Co jste zač vy?"

3. „Ahoj. Doma není nikdo kromě mého záznamníku. Takže můžete mluvit s ním místo mě. Čekejte na signál."

4. „Zde není záznamník. Zde je přístroj na nahrávání myšlenek. Po zaznění signálu myslete na své jméno, důvod, proč voláte a číslo, na které vám můžu zavolat zpátky. A já popřemýšlím, jestli vám zavolám zpátky."

5. „Mluvte po zaznění signálu! Máte právo mlčet. Nahraji a použiji všechno, co řeknete."

„To není špatné. A co zvířata?" ptá se pan Stark. Alexander mu podává další list papíru. Pan Stark čte:

„Wir haben einige Aufträge. Du kannst zwei davon erledigen", sagt Herr Stark. „Der erste Auftrag ist von einer Telefonfirma. Sie stellen Telefone mit Anrufbeantwortern her. Sie brauchen ein paar lustige Texte für die Anrufbeantworter. Nichts verkauft sich besser als etwas Lustiges. Entwirf bitte vier, fünf Texte."

„Wie lang sollen sie sein?", fragt Alexander.

„Sie können fünf bis dreißig Wörter haben", antwortet Herr Stark. „Der zweite Auftrag ist von der Zeitung ‚Grüne Welt'. Diese Zeitung schreibt über Tiere, Vögel, Fische usw. Sie brauchen einen Text über irgendein Haustier. Er kann lustig oder traurig sein oder einfach eine Geschichte über dein eigenes Haustier. Hast du ein Haustier?"

„Ja, ich habe eine Katze. Sie heißt Minka", antwortet Alexander. „Und ich denke, ich kann eine Geschichte über ihre Streiche schreiben. Wann sollen die Texte fertig sein?"

„Diese zwei Aufträge sollen bis morgen fertig sein", antwortet Herr Stark.

„Gut. Kann ich anfangen?", fragt Alexander.

„Ja", sagt Herr Stark.

Alexander bringt die Texte am nächsten Tag. Er hat fünf Texte für den Anrufbeantworter. Herr Stark liest sie:

1. „Hallo. Jetzt musst du etwas sagen."

2. „Hallo, ich bin ein Anrufbeantworter. Und was bist du?"

3. „Hallo. Außer meinem Anrufbeantworter ist gerade niemand zuhause. Du kannst dich mit ihm unterhalten. Warte auf den Piepton."

4. „Das ist kein Anrufbeantworter. Das ist ein Gedankenaufnahmegerät. Nach dem Piepton denke an deinen Namen, den Grund, aus dem du anrufst, und die Nummer, unter der ich dich zurückrufen kann. Und ich werde darüber nachdenken, ob ich dich zurückrufe."

5. „Sprechen Sie nach dem Piepton! Sie haben das Recht, Ihre Aussage zu verweigern. Ich werde alles, was Sie sagen, aufzeichnen und verwenden."

„Nicht schlecht. Und was ist mit den Tieren?", fragt Herr Stark. Alexander gibt ihm ein anderes Blatt. Herr Stark liest:

Pravidla pro kočky

Chůze:

Co nejčastěji a pokud možno co nejblíže před člověkem rychle utíkejte, zejména: na schodech, když člověk něco nese v rukou, ve tmě, a když se ráno vzbudí. Trénuje tím jeho koordinaci.

V posteli:

V noci vždy spěte na člověku. Tak se nemůže obrátit v posteli. Zkuste si lehnout na jeho nebo její tvář. Ujistěte se, že váš ocas je přímo na jejich nose.

Spánek:

Aby měla hodně energie pro hraní, kočka musí hodně spát (nejméně 16 hodin denně). Není těžké najít vhodné místo na spaní. Každé místo, kde člověk rád sedává, je dobré. Dobrá místa jsou taky venku. Ale nelze je využít když prší, nebo když je chladno. Místo toho lze použít otevřená okna.

Pan Stark se směje.

„Dobrá práce, Alexandře! Myslím, že časopisu ‚Zelený svět' se bude vaše práce líbit," říká.

Regeln für Katzen

Laufen:

Renne so oft wie möglich schnell und nahe an einem Menschen vorbei, vor allem: auf Treppen, wenn sie etwas tragen, im Dunkeln und wenn sie morgens aufstehen. Das trainiert ihre Koordination.

Im Bett:

Schlafe nachts immer auf dem Menschen, damit er sich nicht umdrehen kann. Versuche, auf seinem Gesicht zu liegen. Vergewissere dich, dass dein Schwanz genau auf seiner Nase liegt.

Schlafen:

Um genug Energie zum Spielen zu haben, muss eine Katze viel schlafen (mindestens 16 Stunden am Tag). Es ist nicht schwer, einen passenden Schlafplatz zu finden. Jeder Platz, an dem ein Mensch gerne sitzt, ist gut. Draußen gibt es auch viele gute Plätze. Du kannst sie aber nicht verwenden, wenn es regnet oder kalt ist. Du kannst stattdessen das offene Fenster verwenden.

Herr Stark lacht.

„Gute Arbeit, Alexander! Ich denke, die Zeitung ‚Grüne Welt' wird deinen Entwurf mögen", sagt er.

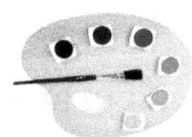

23

Kočičí pravidla

Katzenregeln

 A

Slovní zásoba

Vokabeln

1. ačkoliv - obwohl, trotzdem
2. chutný - lecker
3. cokoliv - etwas, nichts
4. čtoucí, čtení - lesend
5. dítě - das Kind
6. domácí úkol - die Hausaufgaben
7. dostat - bekommen
8. host - der Gast
9. klávesnice - die Tastatur
10. komár - die Stechmücke
11. kousat - beißen
12. krást - stehlen
13. krok - der Schritt, vkročit, stoupnout - treten

14. láska - die Liebe, milovat - lieben
15. legrace, zábava - der Spaß
16. myslet, myšlení - denken
17. někdy, občas - manchmal, ab und zu
18. několik - ein paar
19. noha - das Bein
20. otírat se - reiben
21. panika - die Panik; panikařit - in Panik versetzen
22. planeta - der Planet
23. počasí - das Wetter
24. políbit, líbat se - küssen
25. (po)za - hinter
26. předstírat - vorgeben; so tun, als ob; roční období, sezóna - die (Jahres)zeit
27. šance - die Chance
28. schovat se - sich verstecken
29. schovávačka - das Versteckspiel
30. škola - die Schule
31. tajemství - das Geheimnis
32. tajemství, záhada - das Rätsel
33. talíř - der Teller
34. toaleta, WC - die Toilette
35. uprchnout - weglaufen
36. vařící, vaření - kochend
37. za - hinter
38. zapomenout - vergessen

Kočičí pravidla

„Časopis ‚Zelený svět' zadal zcela novou objednávku," říká pan Stark Alexandrovi příští den, „a ta objednávka je pro tebe, Alexandře. Líbí se jim tvé texty a chtějí delší text o ‚Kočičích pravidlech'."

Alexander píše tento text dva dny. Tady je.

Tajná pravidla pro kočky

Ačkoli jsou kočky nejlepší a nejúžasnější zvířata na této planetě, někdy dělají velmi podivné věci. Jednomu člověku se podařilo ukrást pár kočičích tajemství. Jsou to pravidla na převzetí vlády nad světem! Ale jak tato pravidla kočkám pomáhají je pro lidí stále naprostou záhadou.

Koupelny:

Vždy choďte s hosty do koupelny a na WC.

Katzenregeln

„Die Zeitschrift ‚Grüne Welt' hat uns einen neuen Auftrag erteilt", sagt Herr Stark am nächsten Tag zu Alexander. „Und dieser Auftrag ist für dich. Ihnen hat dein Entwurf gefallen und sie wollen einen längeren Text über ‚Katzenregeln'."

Alexander braucht zwei Tage für diesen Text. Hier ist er.

Geheime Regeln für Katzen

Obwohl Katzen die besten und wundervollsten Tiere auf diesem Planeten sind, tun sie manchmal sehr seltsame Dinge. Einem Menschen ist es gelungen, ein paar Katzengeheimnisse zu stehlen. Es sind Lebensregeln, um die Weltherrschaft zu übernehmen! Es bleibt jedoch ein Rätsel, wie diese Regeln den Katzen helfen sollen.

Badezimmer:

Gehe immer mit Gästen ins Badezimmer und auf die Toilette. Du musst nichts tun. Sitze einfach nur da, schaue

Nemusíte nic dělat. Jen si sedněte, dívejte se a někdy se jim otřete o nohy.

Dveře:

Všechny dveře musí být otevřené. Pro otevření dveří se postavte a smutně koukejte na lidi. Když otevřou dveře, nemusíte skrz ně projít. Po otevření vnějších dveří tímto způsobem se postavte do dveří a na něco myslete. Obzvlášť důležité je to při velmi chladném počasí, v deštivý den, nebo když je sezóna komárů.

Vaření:

Vždy se posaďte přímo za pravou nohu vařícího člověka. Takže vás nemohou vidět a máte vyšší šanci, že na vás stoupne. Když se to stane, vezmou si vás do rukou a dá vám něco dobrého k jídlu.

Čtení knih:

Pokuste se dostat co nejblíž k obličeji čtoucího člověka, mezi jeho oči a knihu. Nejlepší je lehnout si na knihu.

Domácí úkoly dětí:

Lehněte si na knihy a učebnice a předstírejte, že spíte. Občas ale skočte na propisku. Kousejte, když se vás dítě pokouší odvést pryč od stolu.

Počítač:

Když člověk pracuje na počítači, vyskočte na stůl a projděte se po klávesnici.

Jídlo:

Kočky potřebují hodně jíst. Ale jídlo je jen polovina zábavy. Druhá polovina je dostat jídlo. Když lidi jedí, dejte jim do jejich talíře ocas, když se nedívají. Zvýší to vaši šanci dostat plný talíř s jídlem. Nikdy nejezte ze svého talíře, jestli si můžete vzít nějaké jídlo ze stolu. Nikdy nepijte z vlastní misky s vodou když můžete pít z lidského poháru.

Schovávačka:

Skrývejte se v místech, kde vás lidé nemohou najít pár dní. Takhle začnou panikařit (což milují) a budou myslet, že jste uprchli. Až se vrátíte z úkrytu, lidé vás budou líbat a dají

sie an und reibe dich ab und zu an ihren Beinen.

Türen:

Alle Türen müssen offen sein. Um eine Tür zu öffnen, stelle dich mit einem traurigen Blick vor den Menschen. Wenn er eine Tür öffnet, musst du nicht durchgehen. Wenn du auf diese Weise die Haustür geöffnet hast, bleibe in der Tür stehen und denke nach. Das ist vor allem wichtig, wenn es sehr kalt ist oder regnet oder in der Stechmückenzeit.

Kochen:

Setze dich immer genau hinter den rechten Fuß von kochenden Menschen. So können sie dich nicht sehen und die Chance ist größer, dass sie auf dich treten. Wenn das passiert, nehmen sie dich auf den Arm und geben dir etwas Leckeres zu essen.

Lesen:

Versuche, nahe an das Gesicht der lesenden Person zu kommen, zwischen Augen und Buch. Am besten ist es, sich auf das Buch zu legen.

Hausaufgaben der Kinder:

Lege dich auf Bücher und Hefte und tue so, als ob du schläfst. Springe von Zeit zu Zeit auf den Stift. Beiße, falls ein Kind versucht, dich vom Tisch zu verscheuchen.

Computer:

Wenn ein Mensch am Computer arbeitet, springe auf den Tisch und laufe über die Tastatur.

Essen:

Katzen müssen viel essen. Aber Essen ist nur der halbe Spaß. Die andere Hälfte ist, das Essen zu bekommen. Wenn Menschen essen, lege deinen Schwanz auf ihren Teller, wenn sie nicht hinschauen. Damit vergrößerst du deine Chancen, einen ganzen Teller Essen zu bekommen. Iss nie von deinem eigenen Teller, wenn du Essen vom Tisch nehmen kannst. Trink nie aus deiner eigenen Schüssel, wenn du aus der Tasse eines Menschen trinken kannst.

Verstecken:

Verstecke dich an Orten, an denen dich Menschen ein paar Tage lang nicht finden können. Das wird die Menschen in Panik versetzen (was sie lieben), weil sie glauben, dass du weggelaufen bist. Wenn du aus deinem Versteck hervorkommst, werden sie dich küssen und dir

vám najevo svou lásku. A možná dostanete něco dobrého.

Lidé:

Úkoly lidí jsou: krmit nás, hrát si s námi a čistit náš pelíšek. Je důležité, aby nezapomněli, kdo je pánem domu.

ihre Liebe zeigen. Und du bekommst vielleicht etwas Leckeres.

Menschen:

Die Aufgabe des Menschen ist, uns zu füttern, mit uns zu spielen und unsere Kiste sauber zu machen. Es ist wichtig, dass sie nicht vergessen, wer der Chef im Haus ist.

24

Týmová práce
Gruppenarbeit

 A

Slovní zásoba
Vokabeln

1. brzo - bald
2. díval se - schaute
3. dokud - bis
4. hlavní, centrální - Haupt-, zentral
5. hotovo - fertig
6. informoval - informierte
7. kapitán - der Kapitän
8. kolega - der Kollege
9. krásný - wunderschön
10. krátký - kurz
11. květina - die Blume
12. laser - der Laser
13. letěl pryč - flog weg
14. měl - hatte
15. miliarda - Billionen
16. milovaný - geliebt
17. mimozemšťan, cizinec - der Außerirdische
18. (na)mířil - richtete

19. některý z vás - einer von euch
20. odešel - verlassen (Part.)
21. pohnul se - bewegte sich
22. pokračovat - fortführen; pokračoval v pozorování - weiter schauen
23. pracující - arbeitend
24. přišel - er kam, gekommen
25. proti - gegen
26. radar - der Radar
27. rádio - das Radio
28. řekl - sagte
29. seriál - die Serie
30. slyšel - hörte
31. smál se - lächelte
32. spadnout - fallen, spadnul - fiel
33. tančit - tanzen; tančil - getanzt (Part.); tančící - tanzend
34. televize - der Fernseher

35. tisíc - tausend
36. válka - der Krieg
37. věděl - wusste
38. vesmír - das Weltall
39. vesmírná/kosmická loď - das Raumschiff
40. vyučovat - beibringen
41. vzpomínal si - erinnerte sich
42. zabil, usmrcen - tötete, getötet (Part.)
43. začal - begann
44. zahrádka - der Garten
45. zapnul - machte an
46. zastavil se - beendete
47. (za)třásl (se) - wackelte
48. Země - die Erde
49. zemřít - sterben, zemřel - starb
50. zničit - zerstören
51. zúčastnit se - teilnehmen

B

Týmová práce

Stefan chce být novinářem. Studuje na univerzitě. Dnes má hodinu kompozice. Pan Bauer učí studenty psát texty.

„Draží přátelé," říká, „někteří z vás budou pracovat pro vydavatelství, noviny nebo časopisy, rádio nebo televizi. To znamená, že budete pracovat v týmu. Pracovat v týmu není jednoduché. Teď chci, abyste se pokusili udělat novinářský text v týmu. Potřebuji kluka a holku."

Mnozí studenti se chtějí zúčastnit týmové práce. Pan Bauer vybere Stefana a Carol.

Gruppenarbeit

Stefan will Journalist werden. Er studiert an der Universität. Heute hat er einen Schreibkurs. Herr Bauer bringt den Studenten bei, Artikel zu schreiben.

„Liebe Freunde", sagt er, „ein paar von euch werden für Verlage, Zeitungen oder Zeitschriften, das Radio oder das Fernsehen arbeiten. Das bedeutet, dass ihr in einer Gruppe arbeiten werdet. Es ist nicht einfach, in einer Gruppe zu arbeiten. Ich möchte, dass ihr jetzt versucht, in einer Gruppe einen journalistischen Text zu schreiben. Ich brauche einen Jungen und ein Mädchen."

Viele Studenten wollen bei der Gruppenarbeit mitmachen. Herr Bauer wählt Stefan und Carol. Carol kommt aus den

Carol je z USA, ale německy umí moc dobře.

„Posaďte se prosím k tomuto stolu. Teď jste kolegové," říká jim pan Bauer, „Budete psát krátký text. Některý z vás začne psát a pak dá text svému kolegovi. Váš kolega si přečte text a bude v něm pokračovat. Pak jej váš kolega vrátí a první si jej přečte a bude pokračovat. A tak dál, až vám vyprší čas. Dám vám dvacet minut."

Pan Bauer jim dává papír a Carol začíná. Chvíli přemýšlí a pak píše.

Týmová práce

Carol: Julia se dívala z okna. Květiny v její zahrádce se pohybovaly ve větru, jako by tančily. Vzpomněla si na večer, kdy tančila s Billym. Bylo to před rokem, ale vzpomínala si na všechno - na jeho modré oči, jeho úsměv a jeho hlas. Byla to šťastná chvíle pro ni, ale teď je to pryč. Proč s ní nebyl?

Stefan: V tomto okamžiku byl kapitán Billy Brisk na kosmické lodi Bílá hvězda. Měl důležitou úlohu, a neměl čas přemýšlet o té pitomé dívce, s kterou tančil před rokem. Rychle zamířil lasery Bílé hvězdy na mimozemské kosmické lodi. Pak zapnul rádio a promluvil s mimozemšťany: „Dávám vám hodinu, abyste se vzdali. Pokud se do hodiny nevzdáte, zničím vás." Ale ještě než dokončil, zasáhl levý motor Bílé hvězdy laser mimozemšťanů. Billyho laser začal trefovat mimozemské kosmické lodi a zároveň zapnul centrální a pravý motory. Laser mimozemšťanů zničil pravý motor a Bílá hvězda se pořádně zachvěla. Billy upadl na podlahu a během pádu přemýšlel, kterou z mimozemských kosmických lodi musí zničit jako první.

Carol: Ale udeřil se hlavou na kovové podlaze a ve stejném okamžiku zemřel. No před smrtí si vzpomněl na chudou krásnou dívku, která ho milovala a bylo mu velmi líto, že od ní odešel. Brzy lidé zastavili tu hloupou válku proti ubohým mimozemšťanům. Zničili všechny své kosmické lodě a lasery a informovali cizince, že lidé již opět nezačnou válku proti nim. Lidé říkali, že chtěli být

USA, aber sie spricht sehr gut Deutsch.

„Setzt auch bitte an diesen Tisch. Ihr seid jetzt Kollegen", sagt Herr Bauer zu ihnen. „Ihr werdet einen kurzen Text schreiben. Einer von euch beginnt den Text und gibt ihn dann seinem Kollegen. Der Kollege liest den Text und führt ihn dann fort. Dann gibt euer Kollege ihn zurück, der Erste liest ihn und führt ihn fort. Und so weiter, bis die Zeit vorbei ist. Ihr habt zwanzig Minuten."

Herr Bauer gibt ihnen Papier und Carol fängt an. Sie denkt kurz nach und schreibt dann.

Gruppenarbeit

Carol: Julia sah aus dem Fenster. Die Blumen in ihrem Garten bewegten sich im Wind, als ob sie tanzten. Sie erinnerte sich an den Abend, an dem sie mit Billy getanzt hatte. Das war vor einem Jahr, aber sie erinnerte sich an alles - seine blauen Augen, sein Lächeln, seine Stimme. Das war eine glückliche Zeit für sie gewesen, aber die war nun vorbei. Warum war er nicht bei ihr?

Stefan: Zu dieser Zeit war Raumschiffkapitän Billy Brisk in seinem Raumschiff White Star. Er hatte eine wichtige Mission und keine Zeit, über dieses dumme Mädchen, mit dem er vor einem Jahr getanzt hatte, nachzudenken. Schnell richtete er den Laser der White Star auf Raumschiffe Außerirdischer. Dann stellte er das Funkgerät an und sprach zu den Außerirdischen: „Ihr habt eine Stunde, um aufzugeben. Wenn ihr in einer Stunde nicht aufgebt, werde ich euch zerstören." Kurz bevor er seine Rede beendet hatte, traf jedoch ein Laser der Außerirdischen den linken Motor der White Star. Billys Laser begann, auf die Raumschiffe der Außerirdischen zu schießen, und gleichzeitig schaltete Billy den Hauptmotor und den rechten Motor an. Der Laser der Außerirdischen zerstörte den funktionierenden rechten Motor und die White Star wackelte stark. Billy fiel auf den Boden und überlegte währenddessen, welches der Raumschiffe der Außerirdischen er zuerst zerstören müsse.

Carol: Aber er schlug mit seinem Kopf auf dem metallenen Boden auf und war sofort tot. Bevor er starb, dachte er noch an das arme schöne Mädchen, das ihn liebte, und es tat ihm sehr leid, dass er sie verlassen hatte. Kurz darauf beendeten die Menschen den dummen Krieg gegen die armen Außerirdischen. Sie zerstörten alle ihre eigenen Raumschiffe und Laser und informierten die Außerirdischen, dass die Menschen nie wieder einen Krieg gegen sie beginnen würden. Die Menschen sagten,

přátelé s mimozemšťany. Julie byla velmi ráda, když to slyšela. Pak šla k televizi a pustila si úžasný německý seriál.

Stefan: Protože si lidé zničili své vlastní radary a lasery, nikdo nevěděl, že kosmické lodi cizinců přiletěly velmi blízko k Zemi. Tisíce cizineckých laserů dopadlo na zem a zabilo ubohou, hloupou Julii a pět miliard lidí v sekundě. Země byla zničena a její točící se části odletěly do vesmíru.

„Vidím, že jste přišli ke konci před vypršením času," pan Bauer se usmál, „No, hodina skončila. Tuto týmovou práci si přečteme a promluvíme si o ní během příští hodiny."

sie wollten Freunde der Außerirdischen sein. Julia war sehr froh, als sie davon hörte. Dann machte sie den Fernseher an und schaute eine tolle deutsche Serie weiter.

Stefan: Da die Menschen ihre eigenen Radare und Laser zerstört hatten, wusste niemand, dass Raumschiffe der Außerirdischen der Erde sehr nahe kamen. Tausende Laser der Außerirdischen trafen die Erde und töten die arme, dumme Julia und fünf Billionen Menschen in einer Sekunde. Die Erde war zerstört und ihre Teile flogen in den Weltraum hinaus.

„Wie ich sehe, habt ihr euren Text fertig, bevor die Zeit um ist", sagte Herr Bauer lächelnd. „Gut, der Unterricht ist vorbei. Lasst uns das nächste Mal diese Gruppenarbeit lesen und darüber sprechen."

25

Mike a Stefan si hledají novou práci

Mike und Stefan suchen einen neuen Job

A

Slovní zásoba
Vokabeln

1. cestovat - reisen
2. domácí mazlíček/zvíře - das Haustier
3. doporučit - empfehlen; doporučení - die Empfehlung
4. dotazník - der Fragebogen
5. inženýr - der Ingenieur
6. inzerát - das Inserat
7. inzerát, reklama - die Anzeige
8. jídlo - das Essen
9. kotě - das Kätzchen
10. krysa - die Ratte
11. lékař, doktor - der Arzt
12. lídr, vůdce - der Führer
13. lstivý - schlau
14. metoda - die Methode

15. monotónní - monoton
16. myšlenka, nápad - die Idee
17. nadání, dar - die Begabung
18. nahlas - laut
19. našel - gefunden
20. obsloužit, obluhovat - bedienen
21. odhadnout, ohodnotit - beurteilen
22. osobní - persönlich
23. poradenství - die Beratung
24. překladatel - der Übersetzer
25. příroda - die Natur
26. programátor - der Programmierer
27. rubrika - die Rubrik
28. sen - der Traum, snít - träumen
29. soused - der Nachbar
30. španěl - der Spaniel
31. španělština, španělský - spanisch
32. špinavý - dreckig
33. spisovatel - der Schriftsteller
34. štěně - der Welpe
35. umělec - der Künstler
36. umění - die Kunst
37. věk - das Alter
38. veterinář - der Tierarzt
39. zatímco - während
40. zemědělec - der Bauer

B

Mike a Stefan si hledají novou práci

Mike a Stefan jsou u Stefana doma. Stefan uklízí stůl po snídani a Mike čte reklamy a inzeráty v novinách. Čte rubriku „Zvířata". Stefanova sestra Anke je v místnosti také. Pokouší se chytit kočku, jež se skrývá pod postelí.

„Tolik zvířat zdarma v novinách. Myslím, že si vyberu kočku nebo psa. Stefane, co myslíš?" ptá se Mike Stefana.

„Anke, neobtěžuj kočku!" říká Stefan zlostně, „Miku, to není špatný nápad. Tvůj mazlíček bude vždy na tebe čekat doma a bude šťastný, až se vrátíš domů a dáš mu nějaké jídlo. Ale nezapomeň, že s mazlíčkem budeš muset chodit na procházku ráno a večer nebo budeš muset čistit jeho krabici. Někdy budeš muset umýt podlahu nebo vzít svého mazlíčka k veterináři. Tak si to pečlivě zvaž ještě předtím, než si zvíře pořídíš."

„Jsou zde i nějaké inzeráty. Poslouchej," říká

Mike und Stefan suchen einen neuen Job

Mike und Stefan sind bei Stefan zuhause. Stefan macht den Tisch nach dem Frühstück sauber und Mike liest Anzeigen und Inserate in der Zeitung. Er liest die Rubrik „Tiere". Stefans Schwester Anke ist auch im Zimmer. Sie versucht, die Katze, die sich unterm Bett versteckt, zu fangen.

„Es gibt so viele kostenlose Tiere in der Zeitung. Ich denke, ich werde mir eine Katze oder einen Hund aussuchen. Was meinst du, Stefan?", fragt Mike Stefan.

„Anke, hör auf, die Katze zu ärgern", sagt Stefan wütend. „Na ja, Mike, das ist keine schlechte Idee. Dein Haustier wartet immer zuhause auf dich und ist so glücklich, wenn du nach Hause kommst und ihm Futter gibst. Und vergiss nicht, dass du morgens und abends mit deinem Tier Gassi gehen oder seine Kiste sauber machen musst. Manchmal musst du den Boden putzen oder mit dem Tier zum Tierarzt gehen. Also, denk gut darüber nach, bevor du dir ein Haustier anschaffst."

„Also, hier sind ein paar Anzeigen. Hör zu", sagt Mike und beginnt, laut vorzulesen:

Mike a začne číst nahlas:

„Našel jsem špinavého bílého psa, vypadá jako krysa. Může žít venku dlouho. Nabízím ho za peníze."

A zde ještě jeden:

„Španělský pes, mluví španělsky. Zdarma. A zadarmo štěňata, napůl kokršpaněl, napůl lstivý pes souseda,"

Mike se podívá na Stefana, „Jak může pes mluvít španělsky?"

„Pes může španělsky rozumět. Rozumíš španělštině?" ptá se Stefan s úsměvem.

„Vůbec nerozumím španělštině. Poslouchej, tady je ještě jeden inzerát:

„Nabízím zdarma koťata z farmy. Připravena jíst. Sní všechno,"

Mike listuje v novinách, „No, myslím, že domácí zvířata můžou počkat. Bude lepší hledat si práci," najde rubriku o práci a nahlas čte,

„Hledáte vhodnou práci? Pracovní poradenství ,Vhodný personál' vám pomůže. Naši konzultanti odhadnou vaše osobní nadání a dají vám doporučení ohledně nejvhodnějších povolání."

Mike se podívá nahoru a řekne: „Stefane, co myslíš?"

„Nejlepší zaměstnání pro vás je mytí náklaďáku v moři a nechat to plavat," říká Anke a rychle běží ven z místnosti.

„To není špatný nápad. Pojďme tam teď," odpoví Stefan a bere opatrně kocoura z konvice, kam zvíře před chvilkou položila Anke.

Mike a Stefan dorazí do pracovního poradenství „Vhodný personál" na kolech. Není zde žádná fronta, takže jdou dovnitř. Jsou zde dvě ženy. Jedna z nich mluví do telefonu. Druhá žena něco píše. Požádá Mikea a Stefana, aby se posadili. Jmenuje se paní Habel. Zeptá se na jejich jména a jejich věk.

„Dobře, dovolte mi, abych vám vysvětlila metodu, kterou používáme. Podívejte se, je zde pět typů povolání.

„Habe einen dreckigen, weißen Hund gefunden, schaut aus wie eine Ratte. Hat vielleicht lange auf der Straße gelebt. Ich gebe ihn für Geld her."

Und hier noch eine:

„Spanischer Hund, spricht Spanisch. Gebe ihn kostenlos ab. Und kostenlose Welpen, halb Spaniel, halb schlauer Nachbarshund."

Mike schaut Stefan an: „Wie kann ein Hund Spanisch sprechen?"

„Ein Hund kann Spanisch verstehen. Verstehst du Spanisch?", fragt Stefan grinsend.

„Ich verstehe kein Spanisch. Hör zu, hier ist noch eine Anzeige:

Gebe kostenlos Kätzchen vom Bauernhof her. Fertig zum Essen. Sie essen alles."

Mike blättert die Zeitung um. „Na gut, ich denke, Tiere können warten. Ich suche besser einen Job." Er findet die Stellenanzeigen und liest laut:

„Suchen Sie nach einem passenden Job? Die Arbeitsvermittlung ‚Passende Mitarbeiter' kann Ihnen helfen. Unsere Berater beurteilen ihre persönliche Begabung und erstellen Ihnen eine Empfehlung für den passendsten Beruf."

Mika schaut auf und sagt: „Was meinst du, Stefan?"

„Der beste Job für euch ist, einen Laster im Meer zu waschen und ihn wegschwimmen zu lassen", sagt Anke und rennt dann schnell aus dem Zimmer.

„Keine schlechte Idee. Lass uns gleich gehen", antwortet Stefan und holt vorsichtig die Katze aus dem Kessel, in den Anke sie kurz zuvor gelegt hatte.

Mike und Stefan fahren mit dem Fahrrad zur Arbeitsvermittlung „Passende Mitarbeiter". Es gibt keine Schlange und sie gehen hinein. Zwei Frauen sind da. Eine von ihnen telefoniert. Die andere schreibt etwas. Sie bittet Mike und Stefan, Platz zu nehmen. Sie heißt Frau Habel. Sie fragt sie nach ihren Namen und ihrem Alter.

„Gut, lasst mich euch die Methode, nach der wir arbeiten, erklären. Schaut, es gibt fünf Berufskategorien:

1. Die Erste ist Mensch - Natur. Berufe: Bauer,

1. První typ je člověk-příroda. Povolání: zemědělec, pracovník zoo, atd.

2. Druhý typ je člověk-stroj. Povolání: pilot, taxikář, řidič, atd.

3. Třetím typem je člověk-člověk. Povolání: doktor, učitel, novinář, atd.

4. Čtvrtý typ je člověk-počítač. Povolání: překladatel, inženýr, programátor, atd.

5. Pátý typ je člověk-umělec. Povolání: spisovatel, umělec, zpěvák, atd.

Dáváme doporučení ohledně vhodného povolání pouze tehdy, když se o vás dozvíme víc. Nejdřív mi dovolte odhadnout vaše osobní nadání. Musím vědět, co máte rádi a co nesnášíte. Pak budeme vědět, jaká profese je pro vás nejvhodnější. Teď, prosím, vyplňte dotazník," říká paní Habel a podává jim dotazníky. Stefan a Mike vyplní dotazníky.

Tierpfleger usw.

2. Die Zweite ist Mensch - Maschine. Berufe: Pilot, Taxifahrer, Lastwagenfahrer usw.

3. Die Dritte ist Mensch - Mensch. Berufe: Arzt, Lehrer, Journalist usw.

4. Die Vierte ist Mensch - Computer. Berufe: Übersetzer, Ingenieur, Programmierer usw.

5. Die Fünfte ist Mensch - Kunst. Berufe: Schriftsteller, Künstler, Sänger usw.

Wir erstellen Empfehlungen für passende Berufe erst, wenn wir euch besser kennengelernt haben. Lasst mich zuerst eure persönlichen Begabungen beurteilen. Ich muss wissen, was ihr mögt und was ihr nicht mögt. Dann wissen wir, welcher Beruf am besten zu euch passt. Füllt jetzt bitte den Fragebogen aus", sagt Frau Habel und gibt ihnen die Fragebögen. Stefan und Mike füllen die Fragebögen aus.

Dotazník
Jméno: Stefan Müller

Fragebogen
Name: *Stefan Müller*

		Mám rád Mag ich	Nemám nic proti Habe ich nichts dagegen	Nesnáším Hasse ich
1.	Dávat pozor na stroje Maschinen beobachten		√	
2.	Mluvit s lidmi Mit Menschen sprechen	√		
3.	Obsluhovat zákazníky Kunden bedienen		√	
4.	Řídit auta, náklaďáky Autos, Lastwagen fahren	√		
5.	Pracovat v kanceláři Im Büro arbeiten	√		
6.	Pracovat venku Draußen arbeiten	√		
7.	Mnoho si pamatovat		√	

		Mám rád / Mag ich	Nemám nic proti / Habe ich nichts dagegen	Nesnáším / Hasse ich
	Mir viel merken			
8.	Cestovat / Reisen	√		
9.	Hodnotit, kontrolovat / Bewerten, kontrollieren			√
10.	Špinavou práci / Dreckige Arbeit		√	
11.	Monotónní práci / Monotone Arbeit			√
12.	Těžkou práci / Schwere Arbeit		√	
13.	Být lídrem / Führer sein		√	
14.	Pracovat v týmu / In der Gruppe arbeiten		√	
15.	Snít při práci / Während der Arbeit träumen	√		
16.	Trénovat / Trainieren		√	
17.	Kreativní práci / Kreative Arbeit	√		
18.	Pracovat s textem / Mit Texten arbeiten	√		

Dotazník — **Fragebogen**

Jméno: Mike Sullivan — **Name: *Mike Sullivan***

		Mám rád / Mag ich	Nemám nic proti / Habe ich nichts dagegen	Nesnáším / Hasse ich
1.	Dávat pozor na stroje / Maschinen beobachten		√	
2.	Mluvit s lidmi	√		

	Mit Menschen sprechen				
3.	Obsluhovat zákazníky Kunden bedienen			√	
4.	Řídit auta, náklaďáky Autos, Lastwagen fahren			√	
5.	Pracovat v kanceláři Im Büro arbeiten		√		
6.	Pracovat venku Draußen arbeiten		√		
7.	Mnoho si pamatovat Mir viel merken			√	
8.	Cestovat Reisen		√		
9.	Hodnotit, kontrolovat Bewerten, kontrollieren			√	
10.	Špinavou práci Dreckige Arbeit			√	
11.	Monotónní práci Monotone Arbeit				√
12.	Těžkou práci Schwere Arbeit			√	
13.	Být lídrem Führer sein				√
14.	Pracovat v týmu In der Gruppe arbeiten		√		
15.	Snít při práci Während der Arbeit träumen		√		
16.	Trénovat Trainieren			√	
17.	Kreativní práci Kreative Arbeit		√		

18. Pracovat s textem √
    Mit Texten arbeiten

26

Ucházení se o místo v „Bremerhavener Nachrichten"
Bewerbung bei den „Bremerhavener Nachrichten"

Slovní zásoba
Vokabeln

1. dal - gab
2. doporučil - empfohlen
3. doprovodit - begleiten
4. dozvěděl se o - kennengelernt
5. druhé jméno - der zweite Name
6. editor - der Herausgeber
7. finance - die Finanzwissenschaft
8. formulář - das Formular
9. hlídka - die Patroiulle, die Streife
10. hvězdička - das Sternchen
11. informace - die Information, die Angabe
12. jedenadvacet - einundzwanzig
13. mohl - könnte, kann
14. muž - männlich
15. na shledanou - Auf Wiedersehen
16. ohodnotil - ausgewertet
17. opustit - verlassen
18. plynule - fließend

19. podtrhnout - unterstreichen
20. pohlaví - das Geschlecht
21. pole - das Feld
22. policie - die Polizei
23. pracoval - gearbeitet
24. prázdný - leer
25. přišel, dorazil - angekommen
26. sedmnáct - siebzehn
27. slečna - Fräulein
28. státní občanství, národnost - die Nationalität
29. stav - der Stand,
    rodinný stav - der Familienstand
30. svobodný, nezadaný - ledig
31. týden - die Woche
32. Ucházet se o - sich bewerben
33. vzal, odnesl - nahm
34. vzdělání - die Ausbildung
35. žena - weiblich
36. zeptal se - gefragt
37. zločinec - der Verbrecher
38. zpráva - berichten
    reportér - der Reporter

B

Ucházení se o místo v „Bremerhavener Nachrichten"

Paní Habel vyhodnotila Stefanovy a Mikeovy odpovědi v dotaznících. Poté, co se dozvěděla o jejich osobních nadáních, mohla jim dát nějaké doporučení ohledně vhodného povolání. Řekla jim, že třetí typ povolání je pro ně nejvhodnější. Mohli by pracovat jako lékaři, učitelé nebo novináři, atd. Paní Habel jim doporučila ucházet se o práci v novinách „Bremerhaven Nachrichten". Nabízeli částečný úvazek studentům, kteří by mohli psát policejní zprávy pro trestní rubriku. Tak Mike a Stefan dorazili na personální oddělení novin „Bremerhaven Nachrichten" a ucházeli se o tuhle práci.

„Byli jsme dnes v pracovním poradenství ‚Vhodný personál'," řekl Stefan slečně Krämer, která byla vedoucí personálního oddělení, „doporučili nám ucházet se o práci ve vašich novinách."

„Dobře, pracovali jste již jako reportéři?" zeptala se slečna Krämer.

Bewerbung bei den „Bremerhavener Nachrichten"

Frau Habel wertete Stefans und Mikes Antworten im Fragebogen aus. Indem sie ihre persönlichen Begabungen kennenlernte, konnte sie ihnen Empfehlungen für passende Berufe geben. Sie sagte, dass die dritte Berufskategorie am besten zu ihnen passte. Sie könnten als Arzt, Lehrer oder Journalist arbeiten. Frau Habel empfahl ihnen, sich um einen Job bei der Zeitung „Bremerhavener Nachrichten" zu bewerben. Die hatte einen Nebenjob für Studenten zu vergeben, die Polizeiberichte in der Rubrik über Verbrechen verfassen konnten. Also gingen Mike und Stefan in die Personalabteilung der Zeitung „Bremerhavener Nachrichten" und bewarben sich um den Job.

„Wir waren heute bei der Arbeitsvermittlung ‚Passende Mitarbeiter'", sagte Stefan zu Frau Krämer, der Leiterin der Personalabteilung. „Sie haben uns empfohlen, uns bei Ihrer Zeitung zu bewerben."

„Habt ihr schon als Reporter gearbeitet", fragte Frau Krämer.

„Ne, nepracovali jsme," odpověděl Stefan.

„Vyplňte prosím tyto osobní dotazníky," řekla slečna Krämer a dala jim dva formuláře. Mike a Stefan vyplnili formuláře s osobními údaji.

„*Nein, das haben wir noch nicht*", *antwortete Stefan.*

„*Füllt bitte diese Formulare mit euren persönlichen Angaben aus*", *sagte Frau Krämer und gab ihnen zwei Formulare. Mike und Stefan füllten sie aus.*

Osobní dotazník	Persönliche Angaben
Vyplňte pole označená hvězdičkou*. Ostatní pole můžete nechat prázdná.	*Alle mit einem Sternchen * markierten Felder müssen ausgefüllt werden. Die anderen Felder können leer gelassen werden.*
Jméno*	Stefan
Vorname	*Stefan*
Druhé jméno	
Zweiter Name	
Nachname*	Müller
Last name	*Müller*
Pohlaví*	(podtrhněte) <u>muž</u> žena
Geschlecht	(unterstreiche) <u>männlich</u> weiblich
Věk*	*Dvacet let*
Alter	*Zwanzig Jahre alt*
Státní občanství*	*Německé*
Nationalität	*Deutsch*
Rodinný stav	*(podtrhněte)* <u>*svobodný/á*</u> *ženatý/vdaná*
Familienstand	*(unterstreiche)* <u>*ledig*</u> *verheiratet*
Adresa*	*Nelkenova ulice 11, Bremerhaven. Německo*
Addresse	*Nelkenstraße 11, Bremerhaven. Deutschland*
Vzdělání	*Studuji třetím rokem žurnalistiku na vysoké škole*
Ausbildung	*Ich studiere Journalismus im dritten Jahr an der Universität*
Kde jste pracoval předtím?	*Předtím jsem pracoval dva měsíce jako pracovník zemědělského podniku*
Wo haben Sie zuvor gearbeitet?	*Ich habe zwei Monate auf einem Bauernhof gearbeitet*
Jaké zkušenosti a dovednosti jste získal?	*Umím řídit auto, náklaďák a umím používat počítač.*

Welche Erfahrung und Fähigkeiten haben Sie?	*Ich kann Auto und Lastwagen fahren und mit dem Computer arbeiten.*
Jazyky* 0 - ne, 10 - plynule Sprachen 0 - nein, 10 - fließend	*Německy - 10, Anglicky - 8* *Deutsch - 10, Englisch - 8*
Řidičský průkaz* Führerschein	*(podtrhněte) Ne <u>Ano</u> Typ: BC, umím řídit náklaďák.* *(unterstreiche) Nein <u>Ja</u> Typ: BC, Kann Lastwagen fahren.*
Hledáte práci * Sie brauchen einen Job	*(podtrhněte) Plný úvazek <u>Částečný úvazek</u>: 15 hodin týdně* *(unterstreiche) Vollzeit <u>Teilzeit</u>: 15 Stunden die Woche*
Kolik chcete vydělávat Sie wollen verdienen	*15 eur na hodinu* *15 Euro die Stunde*

Osobní dotazník	Persönliche Angaben
Vyplňte pole označená s hvězdičkou*. Ostatní pole můžete nechat prázdná.	*Alle mit einem Sternchen * markierten Felder müssen ausgefüllt werden. Die anderen Felder können leer gelassen werden.*
Jméno* Vorname	*Mike* *Mike*
Druhé jméno Zweiter Name	
Příjmení* Nachname	*Sullivan* *Sullivan*
Pohlaví* Geschlecht	*(podtrhněte) <u>muž</u> žena* *(unterstreiche) <u>männlich</u> weiblich*
Věk* Alter	*Dvacetjeden let* *Einundzwanzig Jahre alt*
Státní občanství* Nationalität	*USA Američan* *US-Amerikaner*
Rodinný stav Familienstand	*(podtrhněte) <u>svobodný/á</u> ženatý/vdaná* *(unterstreiche) <u>ledig</u> verheiratet*
Adresa*	*Pokoj č. 218, Studentská kolej, An der Allee 36,*

Addresse	*Bremerhaven, Německo* *Zimer 218, Studentenwohnheim, An der Allee 36, Bremerhaven, Deutschland*
Vzdělání Ausbildung	*Studuji druhým rokem počítačový design na vysoké škole* *Ich studiere Computerdesign im zweiten Jahr an der Universität*
Kde jste pracoval předtím? Wo haben Sie zuvor gearbeitet?	*Předtím jsem pracoval dva měsíce jako pracovník zemědělského podniku* *Ich habe zwei Monate auf einem Bauernhof gearbeitet*
Jaké zkušenosti a dovednosti jste získal? Welche Erfahrung und Fähigkeiten haben Sie?	*Umím používat počítač* *Ich kann mit dem Computer umgehen*
Jazyky* 0 - ne, 10 - plynule Sprachen 0 - nein, 10 - fließend	*Německy - 8, Anglicky - 10* *Deutsch - 8, Englisch - 10*
Řidičský průkaz* Führerschein	*(podtrhněte) <u>Ne</u> Ano Typ:* *(unterstreiche) <u>Nein</u> Ja Typ:*
Hledáte práci * Sie brauchen einen Job	*(podtrhněte) Plný úvazek <u>Částečný úvazek</u>: 15 hodin týdně* *(unterstreiche) Vollzeit <u>Teilzeit</u>: 15 Stunden die Woche*
Kolik chcete vydělávat Sie wollen verdienen	*15 eur na hodinu* *15 Euro die Stunde*

Slečna Krämer zanesla jejich osobních dotazníky editorovi „Bremerhavener Nachrichten".

„Editor souhlasil," řekla slečna Krämer, když se vrátila, „Budete doprovázet policejní hlídku a pak napíšete zprávu do kriminální rubriky. Policejní auto vás přijede vyzvednout zítra v sedmnáct hodin. Buďte tady na čas, ano?"

„Jistě," odpověděl Mike.

Frau Krämer brachte die Formulare mit ihren persönlichen Angaben zum Herausgeber der „Bremerhavener Nachrichten".

„Der Herausgeber ist einverstanden", sagte Frau Krämer, als sie zurückkam. „Ihr begleitet eine Polizeistreife und schreibt dann Berichte für die Kriminalrubrik. Morgen um 17 Uhr werdet ihr von einem Polizeiauto abgeholt. Seid pünktlich da, ok?"

„Klar", antwortete Mike.

„Ja, wir werden pünktlich sein", sagte Stefan. „Auf

„Ano, budeme," řekl Stefan, „Na shledanou." *Wiedersehen."*

„Na shledanou," odpověděla slečna Krämer. *„Auf Wiedersehen", antwortete Frau Krämer.*

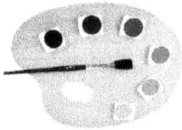

27

Policejní hlídka (část 1)
Die Polizeistreife (Teil 1)

A

Slovní zásoba
Vokabeln

1. alarm - der Alarm
2. bezpečnostní pásy - der Sicherheitsgurt
3. čekal - wartete
4. cena - der Preis
5. Co se děje? Co se stalo? - Was ist los?
6. doprovázel - begleitet
7. dvanáct - zwölf
8. klíč - der Schlüssel
9. limit, maximum - die Begrenzung
10. loupež - der Diebstahl
11. mikrofon - das Mikrofon
12. nastartoval - fuhr los

13. ohlížet se kolem sebe - sich umsehen
14. otevřený - öffnete
15. pistole - die Waffe
16. policista - der Polizist
17. porozuměl, pochopil - verstanden
18. potkal, poznal - getroffen, kennengelernt
19. pouta, želízka - die Handschellen
20. překročit povolenou rychlost - rasen
    porušovatel povolené rychlosti - der Raser
21. přijel - fuhr
22. připoutat se - anschnallen
23. prohnat se - rasen
24. pronásledování - die Verfolgung
25. rychlost - die Geschwindigkeit
26. seržant - der Polizeihauptmeister
27. siréna - die Sirene
28. skryl (se), schoval (se) - versteckte
29. sto - hundert
30. udělal - tat
31. ukázal - zeigte
32. ustrašený - ängstlich
33. vkročil - trat
34. všichni, každý - alle
35. vyjící - heulend
36. vysoký - hoch
37. (vy)sušit - trocknen, suchý - trocken
38. (za)křičel - gerufen
39. zaštěkal - bellte
40. zatracený - verdammt
41. zavřený - geschlossen
42. zkusil - versuchte
43. zloděj, lupič - der Dieb, zloději, lupiči - die Diebe

B

Policejní hlídka (část 1)

Mike a Stefan dorazili do budovy novin „Bremerhavener Nachrichten" v sedmnáct hodin příští den. Policejní vůz na ně již čekal. Z auta vystoupil policista.

„Dobrý den. Jsem seržant Frank Stein," řekl, když Stefan a Mike přišli k autu.

„Dobrý den. Rád vás poznávám. Jmenuji se Mike. My vás máme doprovodit," odpověděl Mike.

„Dobrý den. Já jsem Stefan. Čekal jste na nás dlouho?" zeptal se Stefan.

Die Polizeistreife (Teil 1)

Am nächsten Tagen kamen Mike und Stefan um siebzehn Uhr zum Gebäude der Zeitung „Bremerhavener Nachrichten". Das Polizeiauto wartete schon auf sie. Ein Polizist stieg aus dem Auto aus.

„Hallo. Ich bin Polizeihauptmeister Frank Stein", sagte er, als Stefan und Mike zum Auto kamen.

„Hallo, schön, Sie kennenzulernen. Ich heiße Mike. Wir sollen Sie heute begleiten", antwortete Mike.

„Hallo, ich bin Stefan. Haben Sie schon lange auf uns gewartet?", fragte Stefan.

„Ne. Právě jsem sem dorazil. Nastupme si do auta. Teď začneme s prohlídkou města," řekl policista. Všichni nastoupili do policejního auta.

„Doprovázíte policejní hlídku poprvé?" zeptal se seržant Stein a nastartoval motor.

„Ještě nikdy předtím jsme nedoprovázeli policejní hlídku," odpověděl Stefan.

V tom okamžiku začalo mluvit policejní rádio: „Pozor, P11 a P07! Modrý vůz překračuje rychlost podél College Street."

„P07 příjem," řekl seržant Stein do mikrofonu. Pak řekl klukům: „Číslo našeho auta je P07." Velké modré auto se přehnalo kolem nich velmi vysokou rychlostí. Frank Stein vzal mikrofon znovu a řekl: „Mluví P07. Vidím modré auto překračující rychlost. Zahajuji pronásledování," pak řekl klukům, „Připoutejte se." Policejní vůz rychle vystartoval. Seržant šlápl na plyn na maximum a zapnul sirénu. Za vytí sirény se prohnali kolem budov, automobilů a autobusů. Frank Stein přinutil zastavit modré auto. Seržant vystoupil ven z auta a kráčel k porušovateli povolené rychlosti. Stefan a Mike šli za ním.

„Jsem policista Frank Stein. Ukažte mi prosím váš řidičský průkaz," řekl policista porušovateli povolené rychlosti.

„Tady je můj řidičský průkaz," řidič ukázal svůj řidičský průkaz, „Co se děje?" řekl zlostně.

„Řídil jste přes město rychlostí sto dvacet kilometrů za hodinu. Rychlostní limit je padesát," řekl seržant.

„Ach, to. Právě jsem umyl své auto, vidíte? Proto jsem jel trochu rychleji, aby vyschlo," řekl muž s potměšilým úsměvem.

„Je umytí auta drahé?" zeptal se policista.

„Moc ne. Stálo to dvanáct euro," řekl porušovatel.

„Neznáte ceny," řekl seržant Stein, „doopravdy vás to stojí dvě stě dvanáct euro, protože za vysušení auta zaplatíte dvě stě eur.

„Nein, ich bin gerade erst gekommen. Lasst uns einsteigen. Wir fangen jetzt mit der Streife in der Stadt an", sagte der Polizist. Sie stiegen alles ins Polizeiauto.

„Begleitet ihr zum ersten Mal eine Polizeistreife", fragte Polizeihauptmeister Stein und machte den Motor an.

„Wir haben noch nie eine Polizeistreife begleitet", antwortete Stefan.

In diesem Moment meldete sich der Polizeifunk: „Achtung P11 und P07! Ein blaues Auto fährt zu schnell auf der Universitätsstraße."

„P07 ist dran", sagte Polizeihauptmeister Stein ins Mikrofon. Dann sagte er zu den Jungs: „Die Nummer unseres Autos ist P07." Ein großes blaues Auto raste mit hoher Geschwindigkeit an ihnen vorbei. Frank Stein nahm das Mikrofon und sagte: „Hier spricht P07. Ich sehe das rasende Auto. Nehme die Verfolgung auf." Dann sagte er zu den Jungs: „Bitte anschnallen!", Das Polizeiauto fuhr schnell los. Der Polizeihauptmeister trat das Gaspedal voll durch und machte die Sirene an. Mit heulender Sirene rasten sie an Gebäuden, Autos und Bussen vorbei. Frank Stein brachte das blaue Auto zum Anhalten. Der Polizeihauptmeister stieg aus dem Auto aus und ging zu dem Raser. Stefan und Mike gingen ihm nach.

„Ich bin Polizeibeamter Frank Stein. Zeigen Sie mir bitte Ihren Führerschein", sagte der Polizist zu dem Raser.

„Hier ist mein Führerschein", der Fahrer zeigte seinen Führerschein. „Was ist los?", fragte er wütend.

„Sie sind mit hundertzwanzig km/h durch die Stadt gefahren. Die Geschwindigkeitsbegrenzung ist fünfzig", sagte der Polizeihauptmeister.

„Ach so, das. Wissen Sie, ich habe gerade mein Auto gewaschen. Ich bin ein bisschen schneller gefahren, damit es trocknet", sagte der Mann mit einem schlauen Grinsen.

„Ist es teuer, Ihr Auto zu waschen?", fragte der Polizist.

„Nein. Es kostet zwölf Euro", sagte der Raser.

„Sie kennen die Preise nicht", sagte Polizeihauptmeister Stein. „In Wirklichkeit kostet es Sie zweihundertzwölf Euro, denn Sie werden zweihundert Euro fürs Trocknen

Tady je pokuta. Hezký den," řekl policista. Podal porušovateli pokutu za rychlost na dvě stě euro a řidičský průkaz a vracel se zpět do policejního auta.

„Franku, domnívám se, že máte spoustu zkušeností s porušovately povolené rychlosti, že ano?" zeptal se policisty Stefan.

„Potkal jsem jich mnoho," řekl Frank nastartujíc motor, „nejdřív vypadají jako vzteklí tygři nebo prolhané lišky. Ale když si pak s nimi promluvím, vypadají jako ustrašená koťata nebo hloupé opice. Jako ten v modrém autě."

Mezitím projíždělo malé bílé auto pomalu ulicí nedaleko městského parku. Auto zastavilo blízko obchodu. Z auta vystoupili muž se ženou a šli do obchodu. Bylo zavřeno. Chlap se ohlédl. Pak rychle vytáhl nějaké klíče a pokoušel se otevřít dveře. Konečně je otevřel a oba vešli dovnitř.

„Podívej se! Je zde tolik šatů!" prohlásila žena. Vytáhla velký pytel a začala do něj všechno dávat. Když byl pytel plný, odnesla ho do auta a vrátila se.

„Ber všechno rychle! Ach! To je ale nádherný klobouk!" řekl muž. Vytáhl z výkladu velký černý klobouk a nasadil si ho.

„Podívej se na tyhle červené šaty! Moc se mi líbí!" řekla žena a rychle si oblékla červené šaty. Neměla více pytlů. Proto vzala do rukou další věci, vyběhla ven a naložila je do auta. Pak běžela dovnitř, aby přinesla více věcí.

Policejní vůz P07 pozvolna projížděl podél městského parku, když rádio začalo mluvit: „Pozor, všem hlídkám. Máme tu loupežný alarm z obchodu u městského parku. Adresa obchodu je Park Street 72."

„P07 příjem," řekl Frank do mikrofonu, „Jsem velmi blízko k tomu místu. Jedu tam." Obchod našli velmi rychle a zastavili u bílého auta. Poté vystoupili ven z auta a schovali se za něj. Žena v nových červených šatech vyběhla z krámu. Položila nějaké šaty na policejní vůz a utíkala zpátky do obchodu. Udělala to rychle. Neviděla, že to bylo policejní auto!

zahlen. Hier ist der Strafzettel. Einen schönen Tag noch", sagte der Polizist. Er gab dem Raser einen Strafzettel für Geschwindigkeitsüberschreitung über zweihundert Euro und seinen Führerschein und ging zurück zum Polizeiauto.

„Frank, du hast viel Erfahrung mit Rasern, nicht wahr?", fragte Stefan den Polizisten.

„Ich habe schon viele kennengelernt", sagte Frank und machte den Motor an. „Zu erst sehen sie wie wütende Tiger oder schlaue Füchse aus. Aber nachdem ich mit ihnen gesprochen habe, sehen sie wie ängstliche Kätzchen oder dumme Affen aus. Wie der im blauen Auto."

In der Zwischenzeit fuhr ein kleines, weißes Auto nicht weit vom Stadtpark langsam die Straße entlang. Das Auto hielt in der Nähe eines Ladens. Ein Mann und eine Frau stiegen aus und gingen zu dem Laden. Er war geschlossen. Der Mann sah sich um. Dann holte er schnell einige Schlüssel hervor und versuchte, die Tür zu öffnen. Schließlich öffnete er sie und sie gingen hinein.

„Schau, so viele Kleider", sagte die Frau. Sie holte eine große Tasche hervor und begann, alles hineinzupacken. Als die Tasche voll war, brachte sie sie zum Auto und kam zurück.

„Nimm schnell alles! Oh! Was für ein schöner Hut!", sagte der Mann. Er nahm einen großen schwarzen Hut aus dem Schaufenster und zog ihn auf.

„Schau dir dieses rote Kleid an! Das finde ich toll!", sagte die Frau und zog schnell das rote Kleid an. Sie hatte keine Taschen mehr. Deswegen nahm sie mehr Sachen in die Hände, rannte nach draußen und packte sie ins Auto. Dann rannte sie nach drinnen, um noch mehr Dinge zu holen.

Das Polizeiauto P07 fuhr gerade langsam den Stadtpark entlang, als sich der Funk meldete: „Achtung, alle Einheiten. Wir haben einen Einbruchsalarm aus einem Laden in der Nähe des Stadtparks. Die Adresse des Ladens ist Parkstraße 72."

„P07 ist dran", sagte Frank ins Mikro. „Ich bin ganz in der Nähe. Fahre dorthin." Sie hatten den Laden schnell gefunden und fuhren zu dem weißen Auto. Dann stiegen sie aus dem Auto aus und versteckten sich dahinter. Die Frau im roten Kleid kam aus dem Laden gerannt. Sie legte einige Kleider auf das Polizeiauto und rannte zurück in den Laden. Die Frau tat das sehr schnell. Sie sah nicht, dass es ein Polizeiauto war.

„Zatraceně! Zapomněl jsem svou zbraň na policejní stanici!" řekl Frank. Mike a Stefan pohlédli na seržanta Steina a pak překvapeně jeden na druhého. Policista byl tak zmatený, že Stefan a Mike pochopili, že mu musí pomoct. Žena vyběhla z obchodu znovu, položila pár šat na policejní vůz a utíkala zpátky. Pak Stefan řekl Frankovi: „Můžeme předstírat, že máme zbraně."

„Jdeme na to," Frank odpověděl, „ale vy nevstávejte. Zloději můžou mít zbraně," řekl a pak vykřikl, „Mluví policie! Každý, kdo je uvnitř v obchodě, dejte ruce za hlavu a pomalu jeden po druhém vyjděte z obchodu!"

Chvilku čekali. Nikdo nevyšel. Pak Mike dostal nápad.

„Jestli nevyjdete ven, pošleme na vás policejního psa!" zvolal a pak zaštěkal jako velký vzteklý pes. Lupiči okamžitě vyběhli ven s rukama vzhůru. Frank jim rychle nasadil pouta a naložil je do policejního auta. Pak řekl Mikeovi: „To byl skvělý nápad, předstírat, že máme psa! Víš, zapomněl jsem si svou pistoli již dvakrát. Pokud se dozví, že jsem si ji zapomněl potřetí, mohou mě vyhodit nebo mě nechají pracovat v kanceláři. Nebudete o tom nikomu říkat, že ne?"

„Jistě, že ne!" řekl Mike.

„Nikdy," řekl Stefan.

„Děkuji vám mockrát za pomoc, kluci!" Frank jim silně potřásl rukou.

„Verdammt! Ich habe meine Waffe auf der Polizeiwache vergessen!", sagte Frank. Mike und Stefan sahen Polizeihauptmeister Stein und dann einander überrascht an. Der Polizist war so verwirrt, dass Stefan und Mike verstanden, dass er Hilfe brauchte. Die Frau rannte wieder aus dem Laden, legte Kleider auf das Polizeiauto und rannte zurück. Dann sagte Stefan zu Frank: „Wir können so tun, als ob wir Waffen haben."

„Lasst uns das machen", antwortete Frank. „Aber ihr steht nicht auf. Die Diebe haben vielleicht Waffen", sagte er und rief dann: „Hier spricht die Polizei! Alle, die im Laden sind, heben ihre Hände und kommen langsam einer nach dem anderen aus dem Laden!"

Sie warteten eine Minute. Niemand kam. Dann hatte Mike eine Idee.

„Wenn ihr nicht rauskommt, hetzen wir den Polizeihund auf euch!", rief er und bellte wie ein großer, wütender Hund. Die Diebe kamen sofort mit erhobenen Händen herausgerannt. Frank legte ihnen schnell Handschellen an und brachte sie ins Polizeiauto. Dann sagte er zu Mike: „Das war eine gute Idee, so zu tun, als ob wir einen Hund hätten. Weißt du, ich habe meine Waffe schon zweimal vergessen. Wenn sie herausfinden, dass ich sie zum dritten Mal vergessen habe, feuern sie mich vielleicht oder lassen mich Büroarbeit machen. Ihr erzählt es doch niemandem, oder?"

„Natürlich nicht!", sagte Mike.

„Nie", sagte Stefan.

„Vielen dank für eure Hilfe, Jungs!", Frank schüttelte ihnen herzlich die Hand.

28

Policejní hlídka (část 2)
Die Polizeistreife (Teil 2)

A

Slovní zásoba
Vokabeln

1. bezvědomí - bewusstlos
2. chytrý - schlau
3. ještě - noch
4. kapsa - die Tasche
5. koho - wessen
6. loupež - der Überfall
7. lupič, zloděj - der Dieb
8. mobilní telefon - das Handy
9. můj - mein
10. muži - die Männer
11. nákupní centrum - das Einkaufszentrum

12. někdo - jemand
13. obvyklý - gewöhnlich
14. ochránit - beschützen
15. odjel, pryč - weg
16. odpověděl - geantwortet
17. odraz, odrazit se - abprallen
18. omluvit (se) - sich entschuldigen
    Omluvte mě. - Entschuldigen Sie.
19. otevřený, otevřel - geöffnet
20. otočil (se) - drehte
21. pokladna - das Bargeld
22. pokladna - die Kasse,
    pokladní - der Kassierer
23. s pozdravem - hochachtungsvoll
24. sklo - das Glas
25. stisknout - drücken
26. tajně, potajnu - heimlich
27. taky - auch
28. telefon - das Telefon,
    telefonovat - anrufen
29. tlačítko - der Knopf
30. trezor - der Tresor
31. ukradl - gestohlen
32. včera - gestern
33. viděl - sahen
34. vystřelil - schoss; angeschossen
35. vzal - gebracht
36. (za)zvonil - klingelte
37. zřídka - selten

B

Policejní hlídka (část 2)

Příští den doprovázeli Mike a Stefan Franka znovu. Stáli poblíž velkého nákupního střediska, když k nim přišla jakási žena.

„Můžete mi prosím pomoct?" zeptala se.

„Jistě, paní. Co se stalo?" zeptal se Frank.

„Můj mobilní telefon je pryč. Myslím, že mi ho někdo ukradl."

„Dnes jste jej používala?" zeptal se policista.

„Použila jsem jej, než jsem vyšla z nákupního centra," odpověděla.

„Pojďme dovnitř," řekl Frank. Šli do nákupního centra a rozhlédli se. Byla tam spousta lidí.

„Zkusme jeden starý trik," řekl Frank a vytáhl

Die Polizeistreife (Teil 2)

Am nächsten Tag begleiteten Mike und Stefan Frank wieder. Sie standen neben einem großen Einkaufszentrum, als eine Frau zu ihnen kam.

„Können Sie mir bitte helfen?", fragte sie.

„Natürlich. Was ist passiert?", fragte Frank.

„Mein Handy ist weg. Ich glaube, es wurde gestohlen."

„Haben Sie es heute schon benutzt?", fragte der Polizist.

„Ich habe es benutzt, bevor ich das Einkaufszentrum verlassen habe", antwortete die Frau.

„Lasst uns reingehen", sagte Frank. Sie gingen ins Einkaufszentrum und sahen sich um. Viele Leute waren da.

„Lasst uns einen alten Trick versuchen", sagte Frank und holte sein eigenes Handy hervor. „Wie ist Ihre

svůj telefon z kapsy, „Jaké je vaše telefonní číslo?" zeptal se ženy. Řekla mu jej a on zavolal na její telefonní číslo. Mobilní telefon zazvonil nedaleko od nich. Šli na místo, kde bylo slyšet zvonění. Byla zde dlouhá fronta. Muž ve frontě pohlédl na policistu a pak rychle odvrátil hlavu. Policista se přiblížil a poslouchal pozorně. Telefon se rozezvonil v kapse muže.

„Promiňte," řekl Frank. Muž se na něj podíval.

„Promiňte, váš telefon zvoní," řekl Frank.

„Kde?" zeptal se muž.

„Tady v kapse," řekl Frank.

„Ne, nezvoní," řekl muž.

„Ale ano, zvoní," řekl Frank.

„To není moje," řekl muž.

„Potom, koho telefon vám to zvoní v kapse?" zeptal se Frank.

„Nevím," odpověděl muž.

„Ukažte mi jej, prosím," řekl Frank a vyndal telefon z kapsy muže.

„Ach, ten je můj!" vykřikla žena.

„Vezměte si svůj telefon, paní," řekl Frank a podal jí ho.

„Mohu, pane?" požádal Frank a dal svou ruku do mužovy kapsy znovu. Vytáhl další telefon, a pak ještě jeden.

„Taky nejsou vaše?" zeptal se Frank muže.

Muž zavrtěl hlavou a odvrátil zrak.

„Jaké podivné telefony!" vykřikl Frank, „utekly od svých majitelů a skočily do kapsy tohoto muže! A teď zvoní v jeho kapsách, viďte?"

„Ano, jsou," řekl muž.

„Víte, mým úkolem je chránit lidi. A já vás ochráním před nimi. Nastupte si do mého auta a já vás vezmu na místo, kde žádný telefon neumí skočit do kapsy. Jedeme na policejní stanici," řekl policista. Pak vzal muže za rameno a odvedl ho do policejního auta.

Nummer?", fragte er die Frau. Sie sagte sie ihm und er wählte sie. Nicht weit von ihnen klingelte ein Handy. Sie gingen zu der Stelle, an der es klingelte. Dort war eine Schlange. Ein Mann in der Schlange sah den Polizisten an und schaute dann schnell weg. Der Polizist ging näher hin und horchte aufmerksam. Das Handy klingelte in der Tasche des Mannes.

„Entschuldigen Sie", sagte Frank. Der Mann sah ihn an.

„Entschuldigen Sie, Ihr Handy klingelt", sagte Frank.

„Wo?", sagte der Mann.

„Hier, in ihrer Tasche", sagte Frank.

„Nein, es klingelt nicht", sagte der Mann.

„Doch, es klingelt", sagte Frank.

„Das ist nicht meins", sagte der Mann.

„Wessen Telefon klingelt dann in Ihrer Tasche?", fragte Frank.

„Ich weiß es nicht", antwortete der Mann.

„Zeigen Sie es mir bitte", sagte Frank und holte das Handy aus der Tasche des Mannes.

„Oh, das ist meins!", rief die Frau.

„Hier, nehmen Sie Ihr Telefon", sagte Frank und gab es ihr.

„Darf ich?", fragte Frank und steckte seine Hand wieder in die Tasche des Mannes. Er holte ein anderes Handy hervor und dann noch eins.

„Gehören die auch nicht Ihnen?", fragte Frank den Mann.

Der Mann schüttelte den Kopf und schaute weg.

„Was für seltsame Handys!", rief Frank. „Sie sind ihren Besitzern davongelaufen und in die Tasche dieses Mannes gesprungen! Und jetzt klingeln sie in seiner Tasche, oder nicht?"

„Ja, das tun sie", sagte der Mann.

„Wie Sie wissen, ist es mein Job, Menschen zu beschützen. Und ich werde Sie vor ihnen beschützen. Steigen Sie in mein Auto und ich bringe Sie an einen Ort, wo kein Telefon in Ihre Tasche springen kann. Wir fahren aufs Revier", sagte der Polizist. Dann nahm er den Mann am Arm und brachte ihn zum Auto.

„Mám rád hloupé zločince," Frank Stein se usmál poté, co odvezli zloděje na policejní stanici.

„Už jste někdy potkal chytré zloděje?" zeptal se Stefan.

„Ano. Ale to se stane velmi zřídka," odpověděl policista, „protože je velmi těžké chytit chytrého zločince."

Mezitím přišli do Deutsche Bank dva lidé. Jeden z nich zaujmul místo ve frontě. Další přišel k pokladně a podal jakýsi papír pokladníkovi. Pokladník vzal papír a četl:

„Vážený pane,

tohle je loupež Deutsche Bank. Navalte všechny prachy. Jestli to neuděláte, pak budu střílet. Děkuji.

S pozdravem,

Robert"

„Myslím, že vám můžu pomoct," řekl pokladník a tajně stisknul tlačítko alarmu, „ale peníze jsem včera uzamkl do trezoru. Trezor ještě nebyl otevřen. Poprosím někoho, aby otevřel trezor a přinesl peníze. Dobře?"

„Dobře! Ale rychle!" odpověděl lupič.

„Mám vám udělat šálek kávy, dokud se peníze ukládají do pytlů?" zeptal se pokladník.

„Ne, děkuji. Jenom peníze," lupič odpověděl.

Rádio v policejním autě P07 začalo mluvit: „Pozor, všem hlídkám. Máme tu loupež, alarm z Deutsche Bank."

„P07, příjem" odpověděl seržant Stein. Šlápl na plyn až na maximum a vůz se rychle rozjel. Když dojeli k bance, nebylo zde ještě žádné další policejní auto.

„Uděláme zajímavou zprávu, pokud půjdeme dovnitř," řekl Stefan.

„Vy, kluci, dělejte, co potřebujete. A já přijdu dovnitř zadními dveřmi," řekl seržant Stein. Vytáhl svou zbraň a rychle přešel k zadnímu vchodu banky. Stefan a Mike vešli do banky přes hlavní dveře. Spatřili muže stojícího u pokladny. Měl jednu ruku v kapse a rozhlédl

„Ich mag dumme Verbrecher", sagte Frank Stein grinsend, nachdem sie den Dieb aufs Revier gebracht hatten.

„Hast du schon schlaue getroffen?", fragte Stefan.

„Ja, das habe ich. Aber es passiert selten"; antwortete der Polizist. „Denn es ist sehr schwer, einen schlauen Verbrecher zu fangen."

In der Zwischenzeit betraten zwei Männer die Deutsche Bank. Einer von ihnen stellte sich in der Schlange an. Ein anderer ging zur Kasse und gab dem Kassierer einen Zettel. Der Kassierer nahm den Zettel und las.

„Sehr geehrter Herr,

das ist ein Überfall auf die Deutsche Bank. Geben Sie mir alles Geld. Wenn Sie es nicht tun, werde ich meine Waffe benutzen. Danke.

Hochachtungsvoll,

Robert."

„Ich denke, ich kann Ihnen helfen", sagte der Kassierer, während er heimlich den Alarmknopf drückte. *„Aber das Geld wurde gestern von mir im Tresor eingeschlossen. Der Tresor wurde noch nicht geöffnet. Ich werde jemanden bitten, den Tresor zu öffnen und das Geld zu bringen. Okay?"*

„Okay. Aber schnell!", antwortete der Dieb.

„Hätten Sie gerne eine Tasse Kaffee, während das Geld in Taschen gepackt wird?", fragte der Kassierer.

„Nein, danke. Nur Geld", antwortete der Dieb.

Der Funk im Polizeiauto P07 meldete sich: „Achtung, alle Einheiten. Überfallalarm in der Deutschen Bank."

„P07 ist dran", antwortete Polizeihauptmeister Stein. Er trat aufs Gas und das Auto fuhr schnell los. Als sie an der Bank ankamen, war noch kein anderes Polizeiauto da.

„Das wird ein interessanter Bericht, wenn wir reingehen", sagte Stefan.

„Ihr Jungs macht, was ihr braucht. Ich gehe durch die Hintertür rein", sagte Polizeihauptmeister Stein. Er holte seine Waffe raus und ging schnell zur Hintertür der Bank. Stefan und Mike betraten die Bank durch die Eingangstür. Sie sahen einen Mann in der Nähe der Kasse stehen. Er hatte eine Hand in seiner Tasche und sah sich um. Der Mann, der mit ihm gekommen war, ging aus der Schlange

se. Muž, který přišel s ním, odstoupil z fronty a přistoupil k němu.

„Kde jsou peníze?" zeptal se Roberta.

„Hannesi, pokladník řekl, že je ukládájí do pytlů," odpověděl druhý lupič.

„Už mě nebaví čekat!" řekl Hannes. Vytáhl pistoli a namířil ji směřem k pokladníkovi, „Přineste všechny peníze teď!" vykřikl lupič na pokladníka. Pak šel do středu místnosti a zvolal: „Poslouchejte mě všichni! Tohle je loupež! Nikdo ani hnout!" V tom okamžiku se někdo u pokladny pohnul. Lupič se zbraní, aniž by pohlédl na něj, vystřelil. Další lupič upadl na podlahu a zvolal: „Hannesi! Ty hloupá opice! Sakra! Střelil jsi do mě!"

„Ach, Roberte! Neviděl jsem, že jsi to byl ty!" řekl Hannes. V tom momentě pokladní rychle vyběhl ven.

„Pokladní utekl a peníze zde ještě nejsou!" zvolal Hannes na Roberta, „Policie zde může být brzy! Co budeme dělat?"

„Vem něco velkého, rozbij sklo a vezmi peníze. Rychle!" zvolal Robert. Hannes vzal kovovou židli a udeřil do skla pokladny. To ovšem nebylo obvyklé sklo a nerozbilo se. Ale křeslo se odrazilo zpátky a narazilo do lupičovy hlavy! Svalil se na podlahu v bezdvědomí. V té chvíli seržant Stein vběhl dovnitř a rychle spoutal zloděje. Obrátil se k Stefanovi a Mikeovi.

„Jak jsem říkal! Většina zločinců jsou hlupáci!" řekl.

zu ihm.

„Wo ist das Geld?", fragte er Robert.

„Hannes, der Kassierer hat gesagt, dass es in Taschen gepackt wird", antwortete der andere Dieb.

„Ich habe es satt, zu warten", sagte Hannes. Er holte seine Waffe hervor und richtete sie auf den Kassierer. „Bringen Sie jetzt alles Geld!", schrie er. Dann ging er in die Mitte des Raums und rief: „Alle herhören! Das ist ein Überfall! Niemand bewegt sich!" In diesem Moment bewegte sich jemand in der Nähe der Kasse. Der Dieb mit der Waffe schoss auf ihn, ohne hinzuschauen. Der andere Dieb fiel auf den Boden und rief: „Hannes! Du Vollidiot! Verdammt! Du hast mich angeschossen!"

„Oh, Robert! Ich habe nicht gesehen, dass du das bist!", sagte Hannes. In diesem Moment rannte der Kassierer schnell nach draußen.

„Der Kassierer ist weggerannt und das Geld ist noch nicht hierher gebracht worden!", rief Hannes Robert zu. „Die Polizei kann jeden Moment kommen! Was sollen wir machen?"

„Nimm etwas Großes, zerschlag das Glas und nimm das Geld! Schnell!", rief Robert. Hannes nahm einen metallenen Stuhl und schlug auf das Glas der Kasse. Natürlich war es kein gewöhnliches Glas und zerbrach nicht. Doch der Stuhl prallte zurück und traf den Dieb am Kopf! Er fiel bewusstlos zu Boden. In diesem Moment kam Polizeihauptmeister Stein hereingerannt und legte den Dieben schnell Handschellen an. Er drehte sich zu Stefan und Mike um.

„Hab ich es doch gesagt! Die meisten Verbrecher sind einfach nur dumm!", sagte er.

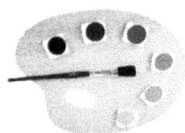

29

Škola pro zahraniční studenty (ŠZS) a au pair
Schule für Austauschschüler (SAS) und Au-pair

 A

Slovní zásoba
Vokabeln

1. bydlel, žil - lebte
2. datum - das Datum
3. dcera - die Tochter
4. dopis - der Brief
5. dvakrát - zweimal
6. e-mail - die Email
7. hostitel - der Gastgeber
   hostitelská rodina - die Gastfamilie
8. (internetová/webová) stránka - die Website
9. jednou - einmal

10. konkurz, soutěž - die Ausschreibung, der Wettbewerb

11. kurz - der Kurs

12. možnost - die Möglichkeit

13. naděje - die Hoffnung,

    doufat - hoffen

14. napsal - schrieb

15. navštívil - besuchte

16. nejbližší - nächste

17. nespravedlivý - ungerecht

18. odkdy - seit

    jelikož, když - da, weil

19. osoba - die Person

20. poslal - schickte

21. přijít - kommen in

22. problém - das Problem

23. Severní Amerika a Eurasie - Nordamerika und Eurasien

24. sluha - der Bedienstete

25. smlouva, dohoda - die Vereinbarung

26. Spojené státy (americké)/USA - die Vereinigten Staaten, die USA

27. standardní - standard

28. starší - älter

29. strávil, vypršel, už byl - abgelaufen

30. také - auch

31. účastník - der Teilnehmer

32. učit se - lernen

33. vesnice - das Dorf

34. vybrat, zvolit, rozhodnout - auswählen, entscheiden für

    vybrat si, zvolit si, rozhodnout se pro - entscheiden sich für

35. zaplatit - bezahlen, zahlen

    zaplatil - bezahlte, gezahlt

36. zavolal - riefen an

37. země, krajina - das Land

38. změnit, vyměnit - ändern,

    změna, výměna - die Änderung

 B

Škola pro zahraniční studenty (ŠZS) a au pair

Mikova sestra, bratr a rodiče žili ve Spojených státech. Bydleli v Chicagu. Sestra se jmenovala Sofie. Bylo jí dvacet let. Učila se německy od jedenácti let. Když Sofii bylo patnáct, chtěla se zúčastnit programu ŠZS. ŠZS nabízí možnost, aby někteří středoškoláci ze Severní Ameriky a Eurasie strávili celý jeden rok v Německu, žili v hostitelské rodině a studovali na německé škole. Program je

Schule für Austauschschüler (SAS) und Au-pair

Mikes Schwester, Bruder und Eltern lebten in Amerika. Sie wohnten in Chicago. Seine Schwester hieß Sofia. Sie war zwanzig. Sie lernte Deutsch, seit sie elf war. Als Sofia fünfzehn war, wollte sie an dem Programm SAS teilnehmen. SAS gibt Highschool-Schülern aus den USA und Eurasien die Möglichkeit, ein Jahr in Deutschland zu verbringen, in einer Gastfamilie zu leben und eine deutsche Schule zu besuchen. Das Programm ist kostenlos. Das Flugticket, die Unterkunft in der Familie, Essen und das Besuchen der deutschen Schule werden

zdarma. Letenky, bydlení s rodinou, jídlo a studium na německé škole jsou hrazené SZŠ. Ale když se dozvěděla o datu konkurzu z internetové stránky, zjistila, že konkurz už byl.

Pak se dozvěděla o programu pro au pair. Tento program nabízí svým účastníkům možnost strávit rok nebo dva v jiné zemi Evropy, bydlet v hostitelské rodině, starat se o děti a vzdělávat se v jazykovém kurzu. Protože Mike studoval v Bremerhavenu, Sofie mu napsala e-mail. Požádala ho, aby pro ni našel hostitelské rodiny v Německu. Mike se podíval do pár novin a na internetové stránky s reklamami. Našel nějaké hostitelské rodiny z Německa na http://www.aupair-world.net/ a na http://www.placementaupair.com/. Pak Mike návštívil au pair agenturu v Bremerhavenu. Měl konzultaci se ženou. Jmenovala se Frauke Stamm.

„Moje sestra je ze Spojených států. Chtěla by být au pair v německé rodině. Pomůžete mi, jak na to?" zeptal se Mike paní Frauke.

„Samozřejmě, ráda vám poskytnu pomoc. Máme místa pro au pair v rodinách po celém Německu. Au pair je osoba, která přijde k hostitelské rodině na výpomoc kolem domu a pro péči o děti. Hostitelská rodina poskytuje au pair jídlo, pokoj a kapesné. Kapesné může být od 200 do 600 EUR. Hostitelská rodina musí zaplatit au pair jazykový kurz," řekla Frauke.

„Jsou zde dobré a špatné rodiny?" vyptával se Mike.

„Při výběru rodiny jsou dva problémy. Zaprvé, některé rodiny si myslí, že au pair je sluha, který musí udělat všechno v domě včetně vaření pro všechny členy rodiny, uklízení, praní, práce v zahradě atd., ale au pair není sluha. Au pair je jako starší dcera nebo syn rodiny, jež pomáhá rodičům s mladšími dětmi. Pro ochránu jejich práv, au pair musí vypracovat dohodu s hostitelskou rodinou. Nevěřte, když někteří au pair agentury nebo hostitelské rodiny říkají, že používají „standartní" dohodu. Neexistují standartní dohody. Au pair může změnit kteroukoliv část dohody, pokud je nespravedlivá. Všechno, co bude au pair a hostitelská rodina dělat, musí

von SAS gezahlt. Aber als sie sich auf der Website über die Ausschreibung informierte, war die Frist schon abgelaufen.

Dann erfuhr sie von dem Au-pair-Programm. Dieses Programm ermöglicht es den Teilnehmern, ein oder zwei Jahre in einem europäischen Land zu verbringen, bei einer Gastfamilie zu leben, sich um die Kinder zu kümmern und eine Sprachschule zu besuchen. Da Mike gerade in Bremerhaven studierte, schrieb Sofia ihm eine Email. Sie bat ihn darum, eine Gastfamilie für sie in Deutschland zu finden. Mike sah Zeitungen und Webseiten mit Anzeigen durch. Er fand deutsche Gastfamilien auf http://www.aupair-world.net/ und auf http://www.placementaupair.com/. Dann ging Mike zu einer Au-pair-Vermittlung in Bremerhaven. Er wurde von einer Frau beraten. Sie hieß Frauke Stamm.

„Meine Schwester ist aus den USA. Sie würde gerne als Au-pair bei einer deutschen Familie arbeiten. Können Sie mir helfen?", fragte Mike Frauke.

„Natürlich, sehr gerne. Wir vermitteln Au-pairs an Familien in ganz Deutschland. Ein Au-pair kommt in eine Gastfamilie, um im Haus zu helfen und sich um die Kinder zu kümmern. Die Gastfamilie gibt dem Au-pair Essen, ein Zimmer und Taschengeld. Das Taschengeld liegt zwischen 200 und 600 Euro. Die Gastfamilie muss auch einen Sprachkurs für das Aupair bezahlen", sagte Frauke.

„Gibt es gute und schlechte Familien?", fragte Mike.

„Es gibt zwei Probleme bei der Wahl einer Familie. Zum einen denken manche Familien, dass ein Au-pair ein Bediensteter sei, der alles im Haus machen muss, einschließlich für die ganze Familie kochen, putzen, waschen, Gartenarbeit usw. Aber ein Au-pair ist kein Bediensteter. Ein Au-pair ist wie eine ältere Tochter oder ein älterer Sohn der Familie, der den Eltern mit den jüngeren Kindern hilft. Um ihre Rechte zu schützen, müssen die Au-pairs eine Vereinbarung mit der Gastfamilie ausarbeiten. Glaub bloß nicht, wenn Au-pair-Vermittlungen oder Gastfamilien sagen, dass sie eine Standardvereinbarung verwenden. Es gibt keine Standardvereinbarung. Das Au-pair kann jeden Teil der Vereinbarung ändern, wenn sie ungerecht ist. Alles, was ein Au-pair und die Gastfamilie machen, muss schriftlich

být stanoveno v dohodě.

Druhým problémem je toto: Některé rodiny bydlí v malých vesnicích, v nichž nejsou jazykové kurzy a je zde málo míst, kam au pair může zajít ve volném čase. V této situaci je nezbytné zahrnout do dohody, že hostitelská rodina musí zaplatit za zpáteční lístek do nejbližšího velkoměsta, pokud tam au pair jezdí. Může to být jednou nebo dvakrát týdně."

„Jasně. Má sestra by chtěla rodinu z Bremerhavenu. Můžete najít nějaké dobré rodiny v tomhle městě?" zeptal se Mike.

„No, máme asi dvacet rodin z Bremerhavenu," odpověděla Frauke. Zavolala některým z nich. Hostitelské rodiny byly rády, že by měly au pair ze Spojených států. Většina rodin chtěla obdržet dopis s fotografií Sofie. Některé z nich také chtěly telefon na ni, aby se ujistily, že umí trochu německy. Takže Mike jim dal její telefonní číslo.

Některé hostitelské rodiny Sofii zavolaly. Pak jim poslala dopisy. Nakonec se rozhodla pro vhodnou rodinu a s pomocí Frauke vypracovala dohodu. Rodina zaplatila za letenku ze Spojených států do Německa. Nakonec Sofia vyrazila do Německa plná nadějí a snů.

in der Vereinbarung festgehalten werden.

Das zweite Problem ist: Manche Familien leben in kleinen Dörfern, in denen es keine Sprachkurse und wenige Orte gibt, wo das Au-pair in seiner Freizeit hingehen kann. In diesem Fall muss die Vereinbarung enthalten, dass die Gastfamilie für Hin- und Rückfahrkarten in die nächste größere Stadt zahlen muss, wenn das Au-pair dorthin fährt. Das kann ein- oder zweimal die Woche sein."

„Alles klar. Meine Schwester hätte gerne eine Familie aus Bremerhaven. Können Sie eine gute Familie in dieser Stadt finden?", fragte Mike.

„Na ja, im Moment haben wir etwa zwanzig Familien aus Bremerhaven", antwortete Frauke. Sie rief ein paar von ihnen an. Die Gastfamilien waren froh, ein Au-pair-Mädchen aus den USA zu bekommen. Die meisten Familien wollten einen Brief mit einem Foto von Sofia. Manche wollten sie auch anrufen, um sicher zu gehen, dass sie ein bisschen Deutsch sprach. Also gab Mike ihnen ihre Telefonnummer.

Ein paar Gastfamilien riefen Sofia an. Dann schickte sie ihnen Briefe. Schließlich entschied sie sich für eine passende Familie und arbeitete mit Fraukes Hilfe eine Vereinbarung mit ihnen aus. Die Familie bezahlte das Ticket von den USA nach Deutschland. Schließlich fuhr Sofia voller Hoffnungen und Träume nach Deutschland.

* * *

Česko-německý slovník

a - und
Ach! - Oh!
ačkoliv - obwohl, trotzdem
adresa - die Adresse
agentura - die Agentur
ahoj - hallo
alarm - der Alarm
ale - aber
ano - ja
asi - etwa
aspirin - das Aspirin
atd. - usw.
auto - das Auto
autobus - der Bus; jet autobusem - mit dem Bus fahren
banka - die Bank; Jedu do banky. - Ich gehe zur Bank.
běhat, běžet - rennen, joggen, laufen
bez - ohne; beze slova - wortlos
bežet, utíkat - laufen
bežící, běh - führen
bezpečnostní pásy - der Sicherheitsgurt
bezvědomí - bewusstlos
bílý - weiß
bledý - blass
blíž - näher
blízkost - die Nähe; blízko, v blízkosti, u - in der Nähe
brzda - die Bremse, brzdit - bremsen
brzo - bald
budoucí - zukünftig
budu, budeš, bude - werden

bunda - die Jacke
bydlel, žil - lebte
bydliště, žijící - wohnhaft
byl/byla/bylo - war
byli - waren
být - sein
být líto - leid tun; Je mi to líto. - Es tut mir leid.
čaj - der Tee
čas - die Zeit
časopis, magazín - die Zeitschrift
část - der Teil
část - der Teil
často - oft
CD - die CD
čekal - wartete
čekat - warten
celoroční - vielseitig, alles könnend
cena - der Preis
centrum - das Zentrum; centrum města - das Stadtzentrum
černý - schwarz
červený - rot
cesta - der Weg
cestovat - reisen
chemický - chemisch; chemikálie - die Chemikalien
chemie - die Chemie
chladný - kalt; chlad - die Kälte
chléb - das Brot
chodidlo - der Fuß; pěšky - zu Fuß
chtěl - wollte
chtít - wollen

chutný - lecker

chůze - gehen, laufen

chvíle - der Moment

chytnout - fangen

chytrý - intelligent; schlau

číča - die Miezekatze

číslo - die Nummer

číst - lesen

čistit, uklízet - sauber machen, putzen

čistý, čistotný - sauber

člen - das Mitglied

člověk, lidská bytost - der Mensch

co - was; Co to je? - Was ist das?; Který stůl? - Welcher Tisch? Co se děje? Co se stalo? - Was ist los?

cokoliv - etwas, nichts

čtoucí, čtení - lesend

čtvrtý - vierte

čtyři - vier

čtyřicet čtyři - vierundvierzig

dal - gab

dál - weiter

daleko - weit

datum - das Datum

dcera - die Tochter

dělat si starosti - sich Sorgen machen; Nedělej si starosti! - Mach dir keinen Kopf!

dělat, udělat (si) - machen

dělník - der Arbeiter

den - der Tag; každý den - täglich, jeden Tag

desátý - zehnter

deset - zehn

design - das Design

déšť - der Regen

děti - die Kinder

devátý - neunter

devět - neun

dítě - das Kind

díval se - schaute

dlouhý - lang

dnes - heute

do - in

dobře - okay, gut, alles klar

dobrodružství - das Abenteuer

dobrý - gut; dobrý den - hallo

docela, vcelku, celkem - ziemlich

dokud - bis

dole - nach unten

domácí mazlíček/zvíře - das Haustier

domácí úkol - die Hausaufgaben

domov - das Zuhause; jít domů - nach Hause gehen

dopis - der Brief; die Notiz

doporučil - empfohlen

doporučit - empfehlen; doporučení - die Empfehlung

doporučovat - empfehlen

doprava - der Transport

doprovázel - begleitet

doprovodit - begleiten

dostat - bekommen; dostat (něco) - (etwas) erhalten

dotazník - der Fragebogen

dozvěděl se o - kennengelernt

drahý - liebe

druh - die Art

druhé jméno - der zweite Name

druhý - zweiter

důležitý - wichtig

dům - das Haus

duševní práce - die Kopfarbeit

důvod - der Grund

dvacet - zwanzig

dvacet pět - fünfundzwanzig

dvakrát - zweimal

dvanáct - zwölf

DVD - die DVD

dveře - die Tür

dvůr - der Hof

džbán - der Krug

editor - der Herausgeber

elektrický - elektrisch

e-mail - die Email

energie - die Energie

farma - der Bauernhof

film - der Film; Film trvá více než tři hodiny. - Der Film dauert mehr als 3 Stunden.

finance - die Finanzwissenschaft

firma - die Firma; firmy - die Firmen

formulář - das Formular

fotografovat - fotografieren; fotograf - der Fotograf

fronta - die Schlange

fyzická/manuální práce - die Handarbeit

guma - der Gummi

Hej! - Hey!

hezký - schön

hlas - die Stimme

hlava - der Kopf

hlavní, centrální - Haupt-, zentral

hlídka - die Patrouille, die Streife

hloupý - dumm

hodin(y) - Uhr; Jsou dvě hodiny. - Es ist zwei Uhr.

hodina - die Stunde; na/za hodinu - stündlich; Vydělávám 10 eur na hodinu. - Ich verdiene 10 Euro pro Stunde.

hodinky - die Uhr

hodně - viel

hodně, mnoho, spousta - viel, viele; mít hodně práce - have a lot of work

holka - das Mädchen

host - der Gast

hostitel - der Gastgeber; hostitelská rodina - die Gastfamilie

hotel - das Hotel; hotely - die Hotels

hotovo - fertig

hotový - fertig

hračka - das Spielzeug

hrát (si) - spielen

hrnek, pohár - die Tasse

hudba - die Musik

hvězda - der Stern

hvězdička - das Sternchen

informace - die Information, die Angabe

informoval - informierte

(internetová/webová) stránka - die Website

inženýr - der Ingenieur

inzerát - das Inserat

inzerát, reklama - die Anzeige

já - ich

jak - wie

jazyk - die Sprache

jeden - ein

jeden po druhém - einer nach dem anderen

jedenáct - elf

jedenadvacet - einundzwanzig

jednoduchý - einfach
jednoho navíc - noch einen
jednotlivě - einzeln
jednou - einmal
jeho - sein, seine; jeho postel - sein Bett
jejich - ihr; její kniha - ihr Buch
jelikož, protože - da, weil
jemu, mu - ihm
jen, pouze - nur
jenom - einfach
ještě - noch
jež - der, die, das (Konj.)
jezdit na kole - Fahrrad fahren, mit dem Fahrrad fahren
jezdit, řídit - fahren
jezero - der See
jídlo - das Essen
jiné - andere
jiný - anderer
jiný, rozličný, různý - verschieden
jíst - essen
jistě - klar, sicher
jít - gehen
již - schon
jízdenka - die Fahrkarte
jméno - der Name; (vy)jmenovat - nennen
kabel - das Kabel
kalhoty - die Hose
kámen - der Stein
kancelář - das Büro
kapitán - der Kapitän
kapsa - die Tasche
káva - der Kaffee
kavárna - das Café

kávovar - die Kaffeemaschine
každý, každá, každé - jeder, jede, jedes
kde - wo
kdo - wer
kdy - wenn
když, jelikož - da, wie
kilometr - der Kilometer
klávesnice - die Tastatur
klíč - der Schlüssel
klobouk - der Hut
klokan - das Känguru
klub - der Verein
kluk - der Junge
kniha - das Buch
knihovna - das Bücherregal
kočka - die Katze
koho - wessen
kolega - der Kollege
kolem - vorbei
kolem, podél - entlang
kolo - das Fahrrad; das Rad
komár - die Stechmücke
konec - das Ende
konečně - schließlich
konkurz, soutěž - die Ausschreibung, der Wettbewerb
konstantní, neustálý - beständig
kontrola - die Kontrolle
kontrolovat - kontrollieren
konvice - der Kessel
konzultant - der Berater
konzultovat - beraten
koordinace - die Koordination
kotě - das Kätzchen

koupelna - das Bad, das Badezimmer; vana - die Badewanne; koupelnový stolek - der Badezimmertisch

kousat - beißen

kov - das Metall

krabice - die Kiste

kráčet - gehen

kráčet, jít, procházet se - gehen

krásný - wunderschön

krást - stehlen

krátký - kurz

kreativní - kreativ

křičet, plakat, řvát - weinen, schreien, rufen

krmit - füttern

krok - der Schritt, vkročit, stoupnout - treten

krysa - die Ratte

krystal - das Kristal

který - welche, der

kterýkoliv - irgendwelche

kuchař/kuchařka - der Koch/die Köchin

kuchyně - die Küche

kulatý - rund

kurz - der Kurs

květina - die Blume

laser - der Laser

láska - die Liebe, milovat - lieben

lavice - der Schreibtisch

legrace, zábava - der Spaß

lehko, mírně - leicht

lékař, doktor - der Arzt

lékárna - die Apotheke

lekce - die Aufgabe, Lektion

letecká přehlídka - die Flugschau

letěl pryč - flog weg

letoun, letadlo - das Flugzeug

lev - der Löwe

levý - links

líbit se - gefallen; To se mi líbí. - Das gefällt mir.

lidé - die Menschen

lídr, vůdce - der Führer

limit, maximum - die Begrenzung

líp / lépe - besser

list (papíru) - das Blatt

loď - das Schiff

loupež - der Diebstahl, der Überfall

lstivý - schlau

lstivý, lstivě, šibalský - schlau

lupič, zloděj - der Dieb

majitel, vlastník - der Besitzer

malý - klein

maminka, matka, máma - Mama, die Mutter

mapa - die Karte

máslo - die Butter

matrace - die Matratze

mě, mně - mich

medicínský - medizinisch

měl - hatte

méně, míň - weniger

město - die Stadt

metoda - die Methode

metr - der Meter

mezi - zwischen

mezitím - in der Zwischenzeit

mikrofon - das Mikrofon

miliarda - Billionen

milovaný - geliebt

mimochodem - übrigens

mimozemšťan, cizinec - der Außerirdische

minuta - die Minute

mít - haben; on/ona/ono má - er/sie/es hat; (On) má knihu. Er hat ein Buch.

mít rád/ráda, líbit se - mögen, lieben

mít toho hodně - viel zu tun haben

mladý - jung

mluvit - sprechen

mluvit s, povídat si - sich unterhalten

mnoho, hodně - viel

mobilní telefon - das Handy

moct, umět - können; Můžu/umím číst. - Ich kann lesen.

modrá - blau

mohl - könnte, kann

mokrý - nass

monotónní - monoton

moře - das Meer

most - die Brücke

motor - der Motor

možnost - die Möglichkeit

možný - möglich; tak často, jak je to možné / co nejčastěji - so oft wie möglich

můj, moje - mein, meine, mein

muset - müssen; Musím jít. - Ich muss gehen.

muž - der Mann; männlich

muži - die Männer

myšlenka, nápad - die Idee

myslet, rozmýšlet, zamyslet se, myšlení - denken

myslet, věřit - glauben; nevěřit vlastním očím - seinen Augen nicht trauen

mýt - waschen

mýt, umývat - waschen, putzen

na - auf; na tvém místě - an deiner Stelle

na shledanou, nashle - tschüss; Auf Wiedersehen

nábytek - die Möbel

nadání, dar - die Begabung

naděje - die Hoffnung, doufat - hoffen

nadnášet - schaukeln

nahlas - laut

najednou - plötzlich

najít, naleznout - finden

náklaďák - der Lastwagen

nákupní centrum - das Einkaufszentrum

(na)lít, (na)sypat - schütten

naložit - laden

naložit, nakládat - beladen, nakladač - der Verlader

náměstí - der Platz

(na)mířil - richtete

namísto, místo - anstelle von

(na)místo - stattdessen

naplnit - füllen

napsal - schrieb

nás - uns

náš - unser

nasednout, vkročit - treten

našel - gefunden

nastartoval - fuhr los

naštvaný - wütend

navštívil - besuchte

ne (zápor) - nein, nicht

nech nás - lass uns

nechat, dovolit - lassen

něco - etwas

nefunguje - außer Betrieb

nehoda - der Unfall

nějaký/nějaká/nějaké - ein paar, einige

nejbližší - nächste

nejdřív - erst

nejmíň, nejméně - wenigstens

někdo - jemand

někdy, občas - manchmal, ab und zu

několik - ein paar

některý z vás - einer von euch

nenávidět, nesnášet - hassen

nespravedlivý - ungerecht

nést se - schaukeln, treiben

než - als; Elmar je starší než Linda. - Elmar ist älter als Linda.

neznámý - fremd

nic - nichts

nikdo - niemand

nikdy - nie

noc - die Nacht

noha - das Bein

normálně - normalerweise

normální - normal

nos - die Nase

novinář - der Journalist

noviny - die Zeitung

nový - neu

občerstvení - der Imbiss

obchod - der Laden; obchody - die Läden

obecenstvo, diváci - das Publikum

oblečení - die Kleidung

oblíbený - Lieblings; oblíbený film - der Lieblingsfilm

obličej - das Gesicht

obrázek, fotografie - das Foto

obsloužit, obluhovat - bedienen

obtěžovat - ärgern

obvyklý - gewöhnlich

ocas - der Schwanz

ochránit - beschützen

očištěný - gesäubert

odešel - verlassen (Part.)

odhadnout, ohodnotit - beurteilen

odjel, pryč - weg

odjet, odejít - weggehen

odkdy - seit; jelikož, když - da, weil

odmítnout - ablehnen

odpověď - die Antwort, odpovídat - antworten, erwidern

odpověděl - geantwortet

odraz, odrazit se - abprallen

oheň - das Feuer

ohlížet se kolem sebe - sich umsehen

ohodnotil - ausgewertet

okamžitě - sofort

okno - das Fenster; okna - die Fenster

oko - das Auge; oči - die Augen

olej - das Öl

omluvit (se) - sich entschuldigen; Omluvte mě. - Entschuldigen Sie.

on - er

oni, ony - sie

opatrně, pozorně - vorsichtig; pozorně poslouchat - genau zuhören

opět - wieder

opice - der Affe

opravdu, skutečně - wirklich

opustit - verlassen

osivo - das Saatgut

osm - acht

osmý - achter

osoba - die Person

osobní - persönlich
otec, tatínek - der Vater
otevřený - öffnete
otevřený, otevřel - geöffnet
otevřít - öffnen
otírat se - reiben
otočil (se) - drehte
otočit - drehen; zapnout - anmachen; vypnout - ausmachen
oznámit, informovat - informieren, mitteilen
páchnoucí - stinkend
padající - fallend
padák - der Fallschirm
padat - fallen; pád - der Fall
pak - dann; poté, co - danach
pak, poté - dann
pan - Herr, Hr.
panenka - die Puppe
panika - die Panik; panikařit - in Panik versetzen
papír - das Papier
parašutista - der Fallschirmspringer
park - der Park; parky - die Parks
patnáct - fünfzehn
pátý - fünfter
pečlivý, opatrný - sorgfältig
pečovat, starat se o - sich kümmern um
peníze - das Geld
pera - die Stifte; pero - der Stift
personální oddělení - die Personalabteilung
pes - der Hund
pět - fünf
pětadvacet - fünfundzwanzig
pilot - der Pilot
pilulka - die Tablette

pípnutí, signál - der Piepton
písek - der Sand
pistole - die Waffe
pít - trinken
plán - der Plan; plánovat - planen
planeta - der Planet
plavat - schwimmen
plný - voll
plout, plavat - treiben
plovoucí - treiben
plyn - das Gas
plynule - fließend
po - nach; v půl deváté - um halb neun
poblíž - nahe
pobřeží - die Küste
počasí - das Wetter
pocit - das Gefühl
počítač - der Computer
pod - unter
podat, dát - geben
poděkovat - danken; děkuji - danke
(po)dívat (se) - schauen, betrachten
podlaha - der Boden
podtrhnout - unterstreichen
pohlaví - das Geschlecht
pohnul se - bewegte sich
pokladna - die Kasse, pokladní - der Kassierer
pokoj - das Zimmer; pokoje - die Zimmer
pokračování - Fortsetzung folgt
pokračovat - fortführen; pokračoval v pozorování - weiter schauen
pole - das Feld
políbit, líbat se - küssen
policie - die Polizei

policista - der Polizist

polovina - halb

položit - legen

Polsko - Polen

pomalu - langsam; leise

pomoc - die Hilfe

pomocník - der Helfer

pondělí - Montag

pořád, ještě - noch, weiterhin

poradce - Berater

poradenství - die Beratung

porozuměl, pochopil - verstanden

(po)rozumět - verstehen

posadit se - setzen, sich hinsetzen

poslal - schickte

poslouchat - hören; Poslouchám hudbu. - Ich höre Musik.

postel - das Bett; postele - die Betten

potkal, poznal - getroffen, kennengelernt

potkat, poznat - treffen, kennenlernen

potřebovat - brauchen

pouta, želízka - die Handschellen

používat - benutzen

povolání, profese - der Beruf

(po)za - hinter

požádat, zeptat se - bitten, fragen

pozice - die Position

pozornost - die Aufmerksamkeit; věnovat pozornost, dávat pozor (na) - achten auf

práce - die Arbeit; pracovní agentura - die Arbeitsvermittlung

práce, kompozice, text - der Entwurf, der Text

pracoval - gearbeitet

pracující - arbeitend

přátelský - freundlich

pravidlo - die Regel

pravý - rechts

prázdný - leer

před - vor; před rokem - vor einem Jahr

především - vor allem

přední - vorne; přední kola - die Vorderräder

předstírat - vorgeben; so tun, als ob

přehrávač CD - der CD-Spieler

překladatel - der Übersetzer

překročit povolenou rychlost - rasen; porušovatel povolené rychlosti - der Raser

překvapení - die Überraschung

překvapený - überrascht, verwundert

překvapit - überraschen

přes - über

přes, skrz - hindurch

přestávka - die Pause

příběh - die Geschichte

přijel - fuhr

přijít - kommen in

přijít/přijet, odejít/odjet - kommen

příklad - das Beispiel; například - zum Beispiel

přinést - bringen

připoutat se - anschnallen

připravit (se) - vorbereiten

příroda - die Natur

přišel - er kam, gekommen

přišel, dorazil - angekommen

přistát - landen

přítel - der Freund

přítelkyně - die Freundin

pro - für

problém - das Problem

prodat - verkaufen

prodavač, prodavačka - der Verkäufer, die Verkäuferin

program - das Programm

programátor - der Programmierer

prohnat se - raste

pronásledování - die Verfolgung

prosím - bitte

proti - gegen

protože - weil

proud - der Fluss; der Strom

pryč - weg

psát - schreiben

pták - der Vogel

půl - halb

pustit na svobodu - freisetzen

rád - froh

radar - der Radar

rádio - das Radio

ráno - der Morgen

řeč, projev - die Rede

rehabilitace, ošetření - die Genesung, Rehabilitation

rehabilitovat, ošetřovat - gesund pflegen

řekl - sagte

reklama - die Werbung

řešení - die Lösung

říct - sagen

říct, říkat - sagen

řidič - der Fahrer

řidičský průkaz - der Führerschein

řídit, točit volantem - lenken

roční období, sezóna - die (Jahres)zeit

rodič - die Eltern

rodina - die Familie

rodný jazyk - die Muttersprache

rok - das Jahr

rozkázat, přikázat, nařídit - befehlen

rozšířit - übergreifen

rozvinout, vyvinout - entwickeln

rubrika - die Rubrik

ruka - der Arm

rychle - schnell

rychlost - die Geschwindigkeit

rychlý, rychle - schnell

s pozdravem - hochachtungsvoll

s, se - mit

samozřejmě - natürlich

šance - die Chance

schody - die Treppe

schopnost - die Fähigkeit

schovat se - sich verstecken

schovávačka - das Versteckspiel

sedadlo - der Sitz, posadit se - sich hinsetzen

šedesát - sechzig

šedivý - grauhaarig

sedm - sieben

sedmnáct - siebzehn

sedmý - siebter

šedý - grau

sekretářka - die Sekretärin

sen - der Traum, snít - träumen

sendvič - das Butterbrot

seriál - die Serie

seržant - der Polizeihauptmeister

šest - sechs

šestý - sechster

Severní Amerika a Eurasie - Nordamerika und Eurasien

seznam - die Liste

šibalsky - schlau

síla - die Stärke

silnice - die Straße

silný - stark

silný, silně - stark

siréna - die Sirene

široký, široce - weit

situace - die Situation

skákat - springen; skok - der Sprung

sklo - das Glas

škola - die Schule

školka - der Kindergarten

skončit - beenden

skryl (se), schoval (se) - versteckte

šlápnout - treten

slavnost - die Feier

slečna - Fräulein

slovo, slovíčko - das Wort, die Vokabel; slova, slovíčka - die Wörter, die Vokabeln

sluchátko - der Telefonhörer

sluha - der Bedienstete

slyšel - hörte

smál se - lächelte

smát se - lichen

smět - dürfen, können; nesmět - nicht dürfen

smlouva, dohoda - die Vereinbarung

smrtelný - tödlich

smutný - traurig

snídaně - das Frühstück; snídat - frühstücken

sobota - der Samstag

souhlasit - einverstanden sein

soused - der Nachbar

spadnout - fallen, spadnul - fiel

(s)padnout, padat - abgestürzt

spánek - schlafen

španěl - der Spaniel

španělský - spanisch

španělština, španělský - spanisch

spát - schlafen

špatně - schlecht

špinavý - dreckig

spisovatel - der Schriftsteller

Spojené státy (americké)/USA - die Vereinigten Staaten, die USA

společnost, podnik - die Firma

spolknout - (hinunter)schlucken

spolu - zusammen

sport - der Sport; sportovní obchod - das Sportgeschäft; sportovní kolo - das Sportfahrrad

správný, správně - richtig; nesprávně - falsch; opravit - korrigieren

standardní - standard

starší - älter

šťastný - glücklich

stát - kosten; stehen

stát se, přihodit se - passieren, stalo se - passiert

státní občanství, národnost - die Nationalität

stav - der Stand, rodinný stav - der Familienstand

Stefanova kniha - Stefans Buch

štěně - der Welpe

štěstí - das Glück

stisknout - drücken

sto - hundert

stoly - die Tische

strávil, vypršel, už byl - abgelaufen

střecha - das Dach
stroj - die Maschine
student - der Student; studenti - die Studenten
(studentská) kolej - das Studentenwohnheim
studovat - studieren
stůl - der Tisch
stydět se - sich schämen; stydí se - er schämt sich
svět - die Welt
svobodný, nezadaný - ledig
syn - der Sohn
tahat, (za)táhnout - ziehen
tajemství - das Geheimnis
tajemství, záhada - das Rätsel
tajně, potajnu - heimlich
tak - deswegen
také, taky, též - auch
talíř - der Teller
tam - dort
tančit - tanzen; tančil - getanzt (Part.); tančící - tanzend
tanker - der Tanker
taška - die Tasche
táta, tatínek - Papa
taxík - das Taxi
taxikář - der Taxifahrer
teď, právě - jetzt, zurzeit, gerade
telefon - das Telefon; telefonní centrum - das Callcenter
telefonovat - anrufen
televize - der Fernseher
ten samý/ta samá/to samé - der/die/das gleiche; v ten samý okamžik - gleichzeitig
tento, tato, toto - dieser, diese, dieses; tato kniha - dieses Buch
teplý - warm; ohřát - aufwärmen

text - der Text
těžký - schwer
tiše, potichu - leise
tisíc - tausend
tlačit, (po)strčit - stoßen, ziehen
tlačítko - der Knopf
tma, tmavý - dunkel
to - es
toaleta, WC - die Toilette
třást (se) - zittern
trénovat - trainieren; trénovaný - trainiert
třetí - dritter
trezor - der Tresor
tři - drei
třicet - dreißig
třída - die Klasse
trik - der Trick
trvat - dauern
tvůj - dein
ty/vy - du/ihr
týden - die Woche
tygr - der Tiger
tým - die Mannschaft
tyto - diese (Pl.)
ubohý, chudák - arm
účastník - der Teilnehmer
učebna - das Klassenzimmer
učebnice - das Fachbuch
Ucházet se o - sich bewerben
ucho - das Ohr
učit se - lernen
učitel - der Lehrer
udělal - tat

udělat, dělat - machen
udeřit, bít - schlagen
ukázal - zeigte
ukázat - zeigen
ukázat-zeigen
úkol - die Aufgabe
ukradl - gestohlen
ulice (sg.) - die Straße; ulice (pl.) - die Straßen
umělec - der Künstler
umění - die Kunst
umyvadlo - die Waschmaschine
unavený - müde
uprchnout - weglaufen
úsměv - das Lächeln
usmívat (se), usmát (se) - lächeln
ustrašený - ängstlich
utrácet, trávit - ausgeben, verwenden
úžasný - wunderbar
užívat si, vychutnávat si - Spaß haben, genießen
v jednu (hodinu) - um eins
v, ve, vevnitř - am, beim, in
válka - der Krieg
vařící, vaření - kochend
vážně - ernst
včera - gestern
věc - das Ding, die Sache; tyto věci - diese Dinge
večer - der Abend
věděl - wusste
vědro - der Eimer
věk - das Alter
velký-větší-největší - groß-größer-am größten
velmi - sehr
velryba - der Wal, kosatka - der Schwertwal

venku - draußen
vesmír - das Weltall
vesmírná/kosmická loď - das Raumschiff
vesnice - das Dorf
věta - der Satz
veterinář - der Tierarzt
větší - größer
vhodný - passend
víc - mehr
viděl - sahen
video prodejna - die Videothek
videokazeta - die Videokassette
vidět - sehen
vítr - der Wind
vkročil - trat
vlak - der Zug
vlastní - eigen
vlasy - das Haar
vlna - die Welle
voda - das Wasser
vodovodní kohoutek - der Wasserhahn
volat, zavolat - anrufen
volný - frei; volný čas - die Freizeit, freie Zeit
vrah - der Mörder
všechno - alles
všichni - alle
všichni, každý - alle
vstávat - aufstehen
Vstávej! - Steh auf!
výborně - super, toll
vybrat si, vybírat - wählen, aussuchen
vybrat, zvolit, rozhodnout - auswählen, entscheiden für; vybrat si, zvolit si, rozhodnout se pro - entschied sich für

vycpaný - ausgestopft; vycpaný parašutista - Fallschirmspringerpuppe

vydavatelství - der Verlag

vydělat (si) - verdienen

vyjící - heulend

vyložit - abladen

vypracovat, složit - entwerfen, verfassen

vyrábět - herstellen

vyrazit - feuern

vysoká škola - die Universität, die Uni

vysoký - hoch

vystoupit - aussteigen

vystřelil - schoss; angeschossen

(vy)sušit - trocknen, suchý - trocken

vysvětlit - erklären

výtah - der Aufzug

vyučovat - beibringen

vzal - gebracht

vzal, odnesl - nahm

vzdělání - die Ausbildung

vzduch - die Luft

vždy, pořád - immer

vzít - nehmen

vzít si na sebe - sich anziehen; mít na sobě (oblečené) - angezogen

vzpomínal si - erinnerte sich

za - hinter

za/na hodinu - pro Stunde

zábavný - lustig

zabil, usmrcen - tötete, getötet (Part.)

začal - begann

zachránit - retten

zachránit- retten

záchranná služba - der Rettungsdienst

začít - anfangen

zahrádka - der Garten

zajímavý - interessant

zákazník - der Kunde

(za)křičel - gerufen

zaměstnavatel - der Arbeitgeber

(za)mířit - gehen

zápisník - das Notizbuch; zápisníky - die Notizbücher

zaplatit - bezahlen, zahlen; zaplatil - bezahlte, gezahlt

zapnul - machte an

zapomenout - vergessen

zastavil se - beendete

zastavit - anhalten

zaštěkal - bellte

zatímco - während

zatracený - verdammt

(za)třásl (se) - wackelte

zavolal - riefen an

zavolat, zatelefonovat - anrufen; volat, telefonovat - rufen; telefonovat - telefonieren

zavřený - geschlossen

zavřít - schließen

zaznamenat - aufnehmen

záznamník - der Anrufbeantworter

(za)zvonil - klingelte

zda, pokud - ob

zde (o místě) - hier (Ort), sem (směř) - hierher (Richtung), zde je - hier ist

zdraví - die Gesundheit

že - dass; Vím, že tato kniha je zajímavá. - Ich weiß, dass dieses Buch interessant ist.

zebra - das Zebra

zelený - grün

železniční stanice - der Bahnhof

Země - die Erde

země, krajina - das Land

zemědělec - der Bauer

zemřít - sterben, zemřel - starb

žena - die Frau; weiblich

zeptal se - gefragt

židle - der Stuhl

zítra - morgen

život - das Leben, záchranářský trik - Rettungstrick

zkoušet, pokoušet se, snažit se - versuchen

zkouška - die Prüfung; zkoušet - prüfen; udělat zkoušku - eine Prüfung bestehen

zkušenost - die Erfahrung

zkusil - versuchte

zločinec - der Verbrecher

zloděj, lupič - der Dieb, zloději, lupiči - die Diebe

zlostně - wütend

žlutý - gelb

zmatený - verwirrt

změnit, vyměnit - ändern; změna, výměna - die Änderung

zmrzlina - das Eis

(z)mrznout, ztuhnout - erstarren

znát se navzájem - sich kennen

znát, umět - kennen

zničit - zerstören

zoo - der Zoo

zpět, zpátky - zurück

zpěvák - der Sänger

zpívat - singen

zpráva - berichten; reportér - der Reporter

zřídka - selten

ztratit - verlieren

zúčastnit se - teilnehmen

zůstat - bleiben

zvíře - das Tier

zvonit - klingeln, zvonění - das Klingeln

Německo-český slovník

Abend (M) - večer

Abenteuer (N) - dobrodružství

aber - ale

abgelaufen - strávil, vypršel, už byl

abgestürzt - (s)padnout, padat

abladen - vyložit

ablehnen - odmítnout

abprallen - odraz, odrazit se

acht - osm

achter - osmý

Adresse (F) - adresa

Affe (M) - opice

Agentur (F) - agentura

Alarm (M) - alarm

alle - všichni, každý

alles - všechno

als - než; Elmar ist älter als Linda. - Elmar je starší než Linda.

älter - starší

Alter (N) - věk

am, beim, in - v, ve, vevnitř

andere - jiné

anderer - jiný

ändern - změnit, vyměnit; die Änderung - změna, výměna

anfangen - začít

angekommen - přišel, dorazil

ängstlich - ustrašený

anhalten - zastavit

Anrufbeantworter (M) - záznamník

anrufen - zavolat, zatelefonovat; rufen - volat, telefonovat; telefonieren - telefonovat

anschnallen - připoutat se

anstelle von - namísto, místo

Antwort (F) - odpověď, antworten, erwidern - odpovídat

Anzeige (F) - inzerát, reklama

anziehen sich - vzít si na sebe; angezogen - mít na sobě (oblečené)

Apotheke (F) - lékárna

Arbeit (F) - práce; die Arbeitsvermittlung - pracovní agentura

arbeitend - pracující

Arbeiter (M) - dělník

Arbeitgeber (M) - zaměstnavatel

ärgern - obtěžovat

arm - ubohý, chudák

Arm (M) - ruka

Art (F) - druh

Arzt (M) - lékař, doktor

Aspirin (N) - aspirin

auch - také, taky, též

auf - na; an deiner Stelle - na tvém místě

Aufgabe (F), Lektion - lekce, úkol

Aufmerksamkeit (F) - pozornost; achten auf - věnovat pozornost, dávat pozor (na)

aufnehmen - zaznamenat

aufstehen - vstávat

Aufzug (M) - výtah

Auge (N) - oko; die Augen - oči

Ausbildung (F) - vzdělání

ausgeben, verwenden - utrácet, trávit

ausgestopft - vycpaný; Fallschirmspringerpuppe - vycpaný parašutista

ausgewertet - ohodnotil

Ausschreibung (F), der Wettbewerb - konkurz, soutěž

außer Betrieb - nefunguje

Außerirdische (M) - mimozemšťan, cizinec

aussteigen - vystoupit

auswählen, entscheiden für - vybrat, zvolit, rozhodnout; entschied sich für - vybrat si, zvolit si, rozhodnout se pro

Auto (N) - auto

Bad (N), das Badezimmer - koupelna; die Badewanne - vana; der Badezimmertisch - koupelnový stolek

Bahnhof (M) - železniční stanice

bald - brzo

Bank (F) - banka; Ich gehe zur Bank. - Jedu do banky.

Bauer (M) - zemědělec

Bauernhof (M) - farma

bedienen - obsloužit, obluhovat

Bedienstete (M) - sluha

beenden - skončit

beendete - zastavil se

befehlen - rozkázat, přikázat, nařídit

Begabung (F) - nadání, dar

begann - začal

begleiten - doprovodit

begleitet - doprovázel

Begrenzung (F) - limit, maximum

beibringen - vyučovat

Bein (N) - noha

Beispiel (N) - příklad; zum Beispiel - například

beißen - kousat

bekommen - dostat; (etwas) erhalten - dostat (něco)

beladen - naložit, nakládat, der Verlader - nakladač

bellte - zaštěkal

benutzen - používat

beraten - konzultovat

Berater (M) - konzultant

Beratung (F) - poradenství

berichten - zpráva; der Reporter - reportér

Beruf (M) - povolání, profese

beschützen - ochránit

Besitzer (M) - majitel, vlastník

besser - líp / lépe

beständig - konstantní, neustálý

besuchte - navštívil

Bett (N) - postel; die Betten - postele

beurteilen - odhadnout, ohodnotit

bewegte sich - pohnul se

bewerben sich - Ucházet se o

bewusstlos - bezvědomí

bezahlen, zahlen - zaplatit; bezahlte, gezahlt - zaplatil

Billionen - miliarda

bis - dokud

bitte - prosím

bitten, fragen - požádat, zeptat se

blass - bledý

Blatt (N) - list (papíru)

blau - modrá

bleiben - zůstat

Blume (F) - květina

Boden (M) - podlaha

brauchen - potřebovat

Bremse (F) - brzda, bremsen - brzdit

Brief (M); die Notiz - dopis

bringen - přinést

Brot (N) - chléb

Brücke (F) - most

Buch (N) - kniha

Bücherregal (N) - knihovna

Büro (N) - kancelář

Bus (M) - autobus; mit dem Bus fahren - jet autobusem

Butter (F) - máslo

Butterbrot (N) - sendvič

Café (N) - kavárna

CD (F) - CD

CD-Spieler (M) - přehrávač CD

Chance (F) - šance

Chemie (F) - chemie

chemisch - chemický; die Chemikalien - chemikálie

Computer (M) - počítač

da, weil - jelikož, protože

da, wie - když, jelikož

Dach (N) - střecha

danken - poděkovat; danke - děkuji

dann - pak; danach - poté, co

dass - že; Ich weiß, dass dieses Buch interessant ist. - Vím, že tato kniha je zajímavá.

Datum (N) - datum

dauern - trvat

dein - tvůj

denken - myslet, rozmýšlet, zamyslet se, myšlení

der zweite Name - druhé jméno

der, die, das (Konj.) - jež

der/die/das gleiche - ten samý/ta samá/to samé; gleichzeitig - v ten samý okamžik

Design (N) - design

deswegen - tak

die Vereinigten Staaten, die USA - Spojené státy (americké)/USA

Dieb (M) - lupič, zloděj

Diebe (F) - zloději, lupiči

Diebstahl (M), der Überfall - loupež

diese (Pl.) - tyto

dieser, diese, dieses - tento, tato, toto; dieses Buch - tato kniha

Ding (N), die Sache - věc; diese Dinge - tyto věci

Dorf (N) - vesnice

dort - tam

draußen - venku

dreckig - špinavý

drehen - otočit; anmachen - zapnout; ausmachen - vypnout

drehte - otočil (se)

drei - tři

dreißig - třicet

dritter - třetí

drücken - stisknout

du/ihr - ty/vy

dumm - hloupý

dunkel - tma, tmavý

dürfen, können - smět; nicht dürfen - nesmět

DVD (F) - DVD

eigen - vlastní

Eimer (M) - vědro

ein - jeden

ein paar - několik

ein paar, einige - nějaký/nějaká/nějaké

einer nach dem anderen - jeden po druhém

einer von euch - některý z vás

einfach - jednoduchý; jenom

Einkaufszentrum (N) - nákupní centrum

einmal - jednou

einundzwanzig - jedenadvacet

einverstanden sein - souhlasit

einzeln - jednotlivě

Eis (N) - zmrzlina

elektrisch - elektrický

elf - jedenáct

Eltern (F) - rodič

Email (F) - e-mail

empfehlen - doporučovat, doporučit; die Empfehlung - doporučení

empfohlen - doporučil

Ende (N) - konec

Energie (F) - energie

entlang - kolem, podél

entschuldigen sich - omluvit (se); Entschuldigen Sie. - Omluvte mě.

entwerfen, verfassen - vypracovat, složit

entwickeln - rozvinout, vyvinout

Entwurf (M), der Text - práce, kompozice, text

er - on

Erde (F) - Země

Erfahrung (F) - zkušenost

erinnerte sich - vzpomínal si

erklären - vysvětlit

ernst - vážně

erst - nejdřív

erstarren - (z)mrznout, ztuhnout

es - to

essen - jíst

Essen (N) - jídlo

etwa - asi

etwas - něco

etwas, nichts - cokoliv

Fachbuch (N) - učebnice

Fähigkeit (F) - schopnost

fahren - jezdit, řídit

Fahrer (M) - řidič

Fahrkarte (F) - jízdenka

Fahrrad (N); das Rad - kolo; Fahrrad fahren, mit dem Fahrrad fahren - jezdit na kole

fallen - spadnout, padat; der Fall - pád

fallend - padající

Fallschirm (M) - padák

Fallschirmspringer (M) - parašutista

Familie (F) - rodina

fangen - chytnout

Feier (F) - slavnost

Feld (N) - pole

Fenster (N) - okno; die Fenster - okna

Fernseher (M) - televize

fertig - hotovo

Feuer (N) - oheň

feuern - vyrazit

fiel - spadnul

Film (M) - film; Der Film dauert mehr als 3 Stunden. - Film trvá více než tři hodiny.

Finanzwissenschaft (F) - finance

finden - najít, naleznout

Firma (F) - společnost, podnik, firma; die Firmen - firmy

fließend - plynule

flog weg - letěl pryč

Flugschau (F) - letecká přehlídka

Flugzeug (N) - letoun, letadlo

Fluss (M); der Strom - proud

Formular (N) - formulář

fortführen - pokračovat; weiter schauen - pokračoval v pozorování

Fortsetzung folgt - pokračování

Foto (N) - obrázek, fotografie

fotografieren - fotografovat; der Fotograf - fotograf

Fragebogen (M) - dotazník

Frau (F); weiblich - žena

Fräulein - slečna

frei - volný; die Freizeit, freie Zeit - volný čas

freisetzen - pustit na svobodu

fremd - neznámý

Freund (M) - přítel

Freundin (F) - přítelkyně

freundlich - přátelský

froh - rád

Frühstück (N) - snídaně; frühstücken - snídat

fuhr - přijel; fuhr los - nastartoval

führen - bežící, běh

Führer (M) - lídr, vůdce

Führerschein (M) - řidičský průkaz

füllen - naplnit

fünf - pět

fünfter - pátý

fünfundzwanzig - dvacet pět; pětadvacet

fünfzehn - patnáct

für - pro

Fuß (M) - chodidlo; zu Fuß - pěšky

füttern - krmit

gab - dal

Garten (M) - zahrádka

Gas (N) - plyn

Gast (M) - host

Gastgeber (M) - hostitel; die Gastfamilie - hostitelská rodina

geantwortet - odpověděl

gearbeitet - pracoval

geben - podat, dát

gebracht - vzal

gefallen - líbit se; Das gefällt mir. - To se mi líbí.

gefragt - zeptal se

Gefühl (N) - pocit

gefunden - našel

gegen - proti

Geheimnis (N) - tajemství

gehen - kráčet, jít, procházet se, (za)mířit, chůze

gelb - žlutý

Geld (N) - peníze

geliebt - milovaný

Genesung (F), Rehabilitation - rehabilitace, ošetření

geöffnet - otevřený, otevřel

gerufen - (za)křičel

gesäubert - očištěný

Geschichte (F) - příběh

Geschlecht (N) - pohlaví

geschlossen - zavřený

Geschwindigkeit (F) - rychlost

Gesicht (N) - obličej

gestern - včera

gestohlen - ukradl

gesund pflegen - rehabilitovat, ošetřovat

Gesundheit (F) - zdraví

getroffen, kennengelernt - potkal, poznal

gewöhnlich - obvyklý

Glas (N) - sklo

glauben - myslet, věřit; seinen Augen nicht trauen - nevěřit vlastním očím

Glück (N) - štěstí

glücklich - šťastný

grau - šedý

grauhaarig - šedivý

größer - větší

groß-größer-am größten - velký-větší-největší

grün - zelený

Grund (M) - důvod

Gummi (M) - guma

gut - dobrý, dobře; hallo - dobrý den

Haar (N) - vlasy

haben - mít; er/sie/es hat - on/ona/ono má; Er hat ein Buch. - (On) má knihu.

halb - polovina; půl

hallo - ahoj

Handarbeit (F) - fyzická/manuální práce

Handschellen (F) - pouta, želízka

Handy (N) - mobilní telefon

hassen - nenávidět, nesnášet

hatte - měl

Haupt-, zentral - hlavní, centrální

Haus (N) - dům

Hausaufgaben (F) - domácí úkol

Haustier (N) - domácí mazlíček/zvíře

heimlich - tajně, potajnu

Helfer (M) - pomocník

Herausgeber (M) - editor

Herr, Hr. - pan

herstellen - vyrábět

heulend - vyjící

heute - dnes

Hey! - Hej!

hier (Ort) - zde (o místě), hierher (Richtung) - sem (směr), hier ist - zde je

Hilfe (F) - pomoc

hindurch - přes, skrz

hinter - (po)za

(hinunter)schlucken - spolknout

hoch - vysoký

hochachtungsvoll - s pozdravem

Hof (M) - dvůr

Hoffnung (F) - naděje, hoffen - doufat

hören - poslouchat; Ich höre Musik. - Poslouchám hudbu.

hörte - slyšel

Hose (F) - kalhoty

Hotel (N) - hotel; die Hotels - hotely

Hund (M) - pes

hundert - sto

Hut (M) - klobouk

ich - já

Idee (F) - myšlenka, nápad

ihm - jemu, mu

ihr - jejich; ihr Buch - její kniha

Imbiss (M) - občerstvení

immer - vždy, pořád

in - do

in der Zwischenzeit - mezitím

Information (F), die Angabe - informace

informieren, mitteilen - oznámit, informovat

informierte - informoval

Ingenieur (M) - inženýr

Inserat (N) - inzerát

intelligent; schlau - chytrý

interessant - zajímavý

irgendwelche - kterýkoliv

ja - ano

Jacke (F) - bunda

Jahr (N) - rok

(Jahres)zeit (F) - roční období, sezóna

jeder, jede, jedes - každý, každá, každé

jemand - někdo

jetzt, zurzeit, gerade - teď, právě
Journalist (M) - novinář
jung - mladý
Junge (M) - kluk
Kabel (N) - kabel
Kaffee (M) - káva
Kaffeemaschine (F) - kávovar
kalt - chladný; die Kälte - chlad
Känguru (N) - klokan
Kapitän (M) - kapitán
Karte (F) - mapa
Kasse (F) - pokladna, der Kassierer - pokladní
Kätzchen (N) - kotě
Katze (F) - kočka
kennen - znát, umět
kennen sich - znát se navzájem
kennengelernt - dozvěděl se o
Kessel (M) - konvice
kilometr - der Kilometer
Kind (N) - dítě
Kinder (F) - děti
Kindergarten (M) - školka
Kiste (F) - krabice
klar, sicher - jistě
Klasse (F) - třída
Klassenzimmer (N) - učebna
Kleidung (F) - oblečení
klein - malý
klingeln - zvonit, das Klingeln - zvonění
klingelte - (za)zvonil
Knopf (M) - tlačítko
Koch (M) /die Köchin - kuchař/kuchařka
kochend - vařící, vaření

Kollege (M) - kolega
kommen - přijít/přijet, odejít/odjet
können - moct, umět; Ich kann lesen. - Můžu/umím číst.
könnte, kann - mohl
Kontrolle (F) - kontrola
kontrollieren - kontrolovat
Koordination (F) - koordinace
Kopf (M) - hlava
Kopfarbeit (F) - duševní práce
kosten; stehen - stát
kreativ - kreativní
Krieg (M) - válka
Kristal (N) - krystal
Krug (M) - džbán
Küche (F) - kuchyně
kümmern sich um - pečovat, starat se o
Kunde (M) - zákazník
Kunst (F) - umění
Künstler (M) - umělec
Kurs (M) - kurz
kurz - krátký
küssen - políbit, líbat se
Küste (F) - pobřeží
lächeln - usmívat (se), usmát (se)
Lächeln (N) - úsměv
lächelte - smál se
laden - naložit
Laden (M) - obchod; die Läden - obchody
Land (N) - země, krajina
landen - přistát
lang - dlouhý
langsam; leise - pomalu
Laser (M) - laser

lass uns - nech nás

lassen - nechat, dovolit

Lastwagen (M) - náklaďák

laufen - bežet, utíkat

laut - nahlas

Leben (N) - život, Rettungstrick - záchranářský trik

lebte - bydlel, žil

lecker - chutný

ledig - svobodný, nezadaný

leer - prázdný

legen - položit

Lehrer (M) - učitel

leicht - lehko, mírně

leid tun - být líto; Es tut mir leid. - Je mi to líto.

leise - tiše, potichu

lenken - řídit, točit volantem

lernen - učit se

lesen - číst

lesend - čtoucí, čtení

lichen - smát se

liebe - drahý

Liebe (F) - láska, lieben - milovat

Lieblings - oblíbený; der Lieblingsfilm - oblíbený film

links - levý

Liste (F) - seznam

Lösung (F) - řešení

Löwe (M) - lev

Luft (F) - vzduch

lustig - zábavný

machen - dělat, udělat (si)

machen sich Sorgen - dělat si starosti; Mach dir keinen Kopf! - Nedělej si starosti!

machte an - zapnul

Mädchen (N) - holka

Mama, die Mutter - maminka, matka, máma

manchmal, ab und zu - někdy, občas

Mann (M); männlich - muž

Männer (pl.) - muži

Mannschaft (F) - tým

Maschine (F) - stroj

Matratze (F) - matrace

medizinisch - medicínský

Meer (N) - moře

mehr - víc

mein, meine, mein - můj, moje

Mensch (M) - člověk, lidská bytost

Menschen (pl.) - lidé

Metall (N) - kov

Meter (M) - metr

Methode (F) - metoda

mich - mě, mně

Miezekatze (F) - číča

Mikrofon (N) - mikrofon

Minute (F) - minuta

mit - s, se

Mitglied (N) - člen

Möbel (F) - nábytek

mögen, lieben - mít rád/ráda, líbit se

möglich - možný; so oft wie möglich - tak často, jak je to možné / co nejčastěji

Möglichkeit (F) - možnost

Moment (M) - chvíle

monoton - monotónní

Montag - pondělí

Mörder (M) - vrah

morgen - zítra

Morgen (M) - ráno

Motor (M) - motor

müde - unavený

Musik (F) - hudba

müssen - muset; Ich muss gehen. - Musím jít.

Muttersprache (F) - rodný jazyk

nach - po; um halb neun - v půl deváté

nach unten - dole

Nachbar (M) - soused

nächste - nejbližší

Nacht (F) - noc

nahe - poblíž

Nähe (F) - blízkost; in der Nähe - blízko, v blízkosti, u

näher - blíž

nahm - vzal, odnesl

Name (M) - jméno; nennen - (vy)jmenovat

Nase (F) - nos

nass - mokrý

Nationalität (F) - státní občanství, národnost

Natur (F) - příroda

natürlich - samozřejmě

nehmen - vzít

nein, nicht - ne (zápor)

neu - nový

neun - devět

neunter - devátý

nichts - nic

nie - nikdy

niemand - nikdo

noch - ještě

noch einen - jednoho navíc

noch, weiterhin - pořád, ještě

Nordamerika und Eurasien - Severní Amerika a Eurasie

normal - normální

normalerweise - normálně

Notizbuch (N) - zápisník; die Notizbücher - zápisníky

Nummer (F) - číslo

nur - jen, pouze

ob - zda, pokud

obwohl, trotzdem - ačkoliv

öffnen - otevřít

öffnete - otevřený

oft - často

Oh! - Ach!

ohne - bez; wortlos - beze slova

Ohr (N) - ucho

okay, gut - dobře

Öl (N) - olej

Panik (F) - panika; in Panik versetzen - panikařit

Papa - táta, tatínek

Papier (N) - papír

Park (M) - park; die Parks - parky

passend - vhodný

passieren - stát se, přihodit se, passiert - stalo se

Patroiulle (F), die Streife - hlídka

Pause (F) - přestávka

Person (F) - osoba

Personalabteilung (F) - personální oddělení

persönlich - osobní

Piepton (M) - pípnutí, signál

Pilot (M) - pilot

Plan (M) - plán; planen - plánovat

Planet (M) - planeta

Platz (M) - náměstí

plötzlich - najednou

Polen - Polsko

Polizei (F) - policie

Polizeihauptmeister (M) - seržant

Polizist (M) - policista

poradce - Berater

Position (F) - pozice

Preis (M) - cena

pro Stunde - za/na hodinu

Problem (N) - problém

Programm (N) - program

Programmierer (M) - programátor

Prüfung (F) - zkouška; prüfen - zkoušet; eine Prüfung bestehen - udělat zkoušku

Publikum (N) - obecenstvo, diváci

Puppe (F) - panenka

Radar (M) - radar

Radio (N) - rádio

rasen - překročit povolenou rychlost; der Raser - porušovatel povolené rychlosti

raste - prohnat se

Rätsel (N) - tajemství, záhada

Ratte (F) - krysa

Raumschiff (N) - vesmírná/kosmická loď

rechts - pravý

Rede (F) - řeč, projev

Regel (F) - pravidlo

Regen (M) - déšť

reiben - otírat se

reisen - cestovat

rennen, joggen, laufen - běhat, běžet

retten - zachránit

Rettungsdienst (M) - záchranná služba

richtete - (na)mířil

richtig - správný, správně; falsch - nesprávně; korrigieren - opravit

riefen an - zavolal

rot - červený

Rubrik (F) - rubrika

rund - kulatý

Saatgut (N) - osivo

sagen - říct, říkat

sagte - řekl

sahen - viděl

Samstag (M) - sobota

Sand (M) - písek

Sänger (M) - zpěvák

Satz (M) - věta

sauber - čistý, čistotný

sauber machen, putzen - čistit, uklízet

schämen sich - stydět se; er schämt sich - stydí se

schauen, betrachten - (po)dívat (se)

schaukeln - nadnášet

schaukeln, treiben - nést se

schaute - díval se

schickte - poslal

Schiff (N) - loď

schlafen - spánek; spát

schlagen - udeřit, bít

Schlange (F) - fronta

schlau - lstivý, lstivě, šibalský

schlecht - špatně

schließen - zavřít

schließlich - konečně

Schlüssel (M) - klíč

schnell - rychlý, rychle

schön - hezký

schon - již

schoss; angeschossen - vystřelil
schreiben - psát
Schreibtisch (M) - lavice
schrieb - napsal
Schriftsteller (M) - spisovatel
Schritt (M) - krok, treten - vkročit, stoupnout
Schule (F) - škola
schütten - (na)lít, (na)sypat
Schwanz (M) - ocas
schwarz - černý
schwer - těžký
schwimmen - plavat
sechs - šest
sechster - šestý
sechzig - šedesát
See (M) - jezero
sehen - vidět
sehr - velmi
sein - být
sein, seine - jeho; sein Bett - jeho postel
seit - odkdy; da, weil - jelikož, když
Sekretärin (F) - sekretářka
selten - zřídka
Serie (F) - seriál
setzen, sich hinsetzen - posadit se
Sicherheitsgurt (M) - bezpečnostní pásy
sie - oni, ony
sieben - sedm
siebter - sedmý
siebzehn - sedmnáct
singen - zpívat
Sirene (F) - siréna
Situation (F) - situace

Sitz (M) - sedadlo, sich hinsetzen - posadit se
sofort - okamžitě
Sohn (M) - syn
sorgfältig - pečlivý, opatrný
Spaniel (M) - španěl
spanisch - španělština, španělský
Spaß (M) - legrace, zábava
Spaß haben, genießen - užívat si, vychutnávat si
spielen - hrát (si)
Spielzeug (N) - hračka
Sport (M) - sport; das Sportgeschäft - sportovní obchod; das Sportfahrrad - sportovní kolo
Sprache (F) - jazyk
sprechen - mluvit
springen - skákat; der Sprung - skok
Stadt (F) - město
Stand (M) - stav, der Familienstand - rodinný stav
standard - standardní
stark - silný, silně
Stärke (F) - síla
stattdessen - (na)místo
Stechmücke (F) - komár
Stefans Buch - Stefanova kniha
Steh auf! - Vstávej!
stehlen - krást
Stein (M) - kámen
sterben - zemřít, starb - zemřel
Stern (M) - hvězda
Sternchen (N) - hvězdička
Stifte (pl.) - pera; der Stift - pero
Stimme (F) - hlas
stinkend - páchnoucí
stoßen, ziehen - tlačit, (po)strčit

Straße (F) - silnice, ulice (sg.); die Straßen - ulice (pl.)

Student (M) - student; die Studenten - studenti

Studentenwohnheim (N) - (studentská) kolej

studieren - studovat

Stuhl (M) - židle

Stunde (F) - hodina; stündlich - na/za hodinu; Ich verdiene 10 Euro pro Stunde. - Vydělávám 10 eur na hodinu.

super, toll - výborně

Tablette (F) - pilulka

Tag (M) - den; täglich, jeden Tag - každý den

Tanker (M) - tanker

tanzen - tančit; getanzt (Part.) - tančil; tanzend - tančící

Tasche (F) - kapsa, taška

Tasse (F) - hrnek, pohár

Tastatur (F) - klávesnice

tat - udělal

tausend - tisíc

Taxi (N) - taxík

Taxifahrer (M) - taxikář

Tee (M) - čaj

Teil (M) - část

teilnehmen - zúčastnit se

Teilnehmer (M) - účastník

Telefon (N) - telefon; das Callcenter - telefonní centrum

Telefonhörer (M) - sluchátko

Teller (M) - talíř

Text (M) - text

Tier (N) - zvíře

Tierarzt (M) - veterinář

Tiger (M) - tygr

Tisch (M) - stůl

Tische (F) - stoly

Tochter (F) - dcera

tödlich - smrtelný

Toilette (F) - toaleta, WC

tötete, getötet (Part.) - zabil, usmrcen

trainieren - trénovat; trainiert - trénovaný

Transport (M) - doprava

trat - vkročil

Traum (M) - sen, träumen - snít

traurig - smutný

treffen, kennenlernen - potkat, poznat

treiben - plout, plavat, plovoucí

Treppe (F) - schody

Tresor (M) - trezor

treten - nasednout, vkročit, šlápnout

Trick (M) - trik

trinken - pít

trocken - suchý

trocknen - (vy)sušit

tschüss; Auf Wiedersehen - na shledanou, nashle

Tür (F) - dveře

über - přes

übergreifen - rozšířit

überraschen - překvapit

überrascht, verwundert - překvapený

Überraschung (F) - překvapení

Übersetzer (M) - překladatel

übrigens - mimochodem

Uhr - hodin(y); Es ist zwei Uhr. - Jsou dvě hodiny.

um eins - v jednu (hodinu)

umsehen sich - ohlížet se kolem sebe

und - a

Unfall (M) - nehoda

ungerecht - nespravedlivý

Universität (F), die Uni - vysoká škola

uns - nás

unser - náš

unter - pod

unterhalten sich - mluvit s, povídat si

unterstreichen - podtrhnout

usw. - atd.

Vater (M) - otec, tatínek

Verbrecher (M) - zločinec

verdammt - zatracený

verdienen - vydělat (si)

Verein (M) - klub

Vereinbarung (F) - smlouva, dohoda

Verfolgung (F) - pronásledování

vergessen - zapomenout

verkaufen - prodat

Verkäufer (M), die Verkäuferin - prodavač, prodavačka

Verlag (M) - vydavatelství

verlassen - opustit

verlassen (Part.) - odešel

verlieren - ztratit

verschieden - jiný, rozličný, různý

verstanden - porozuměl, pochopil

verstecken sich - schovat se

Versteckspiel (N) - schovávačka

versteckte - skryl (se), schoval (se)

verstehen - (po)rozumět

versuchen - zkoušet, pokoušet se, snažit se

versuchte - zkusil

verwirrt - zmatený

Videokassette (F) - videokazeta

Videothek (F) - video prodejna

viel - mnoho, hodně

viel zu tun haben - mít toho hodně

viel, viele - hodně, mnoho, spousta; have a lot of work - mít hodně práce

vielseitig, alles könnend - celoroční

vier - čtyři

vierte - čtvrtý

vierundvierzig - čtyřicet čtyři

Vogel (M) - pták

voll - plný

vor - před; vor einem Jahr - před rokem

vor allem - především

vorbei - kolem

vorbereiten - připravit (se)

vorgeben; so tun, als ob - předstírat

vorne - přední; die Vorderräder - přední kola

vorsichtig - opatrně, pozorně; genau zuhören - pozorně poslouchat

wackelte - (za)třásl (se)

Waffe (F) - pistole

wählen, aussuchen - vybrat si, vybírat

während - zatímco

Wal (M) - velryba, der Schwertwal - kosatka

war - byl/byla/bylo

waren - byli

warm - teplý; aufwärmen - ohřát

warten - čekat

wartete - čekal

was - co; Was ist das? - Co to je? Welcher Tisch? - Který stůl? Was ist los? - Co se děje? Co se stalo?

waschen - mýt

waschen, putzen - mýt, umývat

Waschmaschine (F) - umyvadlo

Wasser (N) - voda

Wasserhahn (M) - vodovodní kohoutek

Website (F) - (internetová/webová) stránka

weg - odjel, pryč

Weg (M) - cesta

weggehen - odjet, odejít

weglaufen - uprchnout

weil - protože

weinen, schreien, rufen - křičet, plakat, řvát

weiß - bílý

weit - daleko; široký, široce

weiter - dál

welche, der - který

Welle (F) - vlna

Welpe (M) - štěně

Welt (F) - svět

Weltall (N) - vesmír

weniger - méně, míň

wenigstens - nejmíň, nejméně

wenn - kdy

wer - kdo

Werbung (F) - reklama

werden - budu, budeš, bude

wessen - koho

Wetter (N) - počasí

wichtig - důležitý

wie - jak

wieder - opět

Wind (M) - vítr

wirklich - opravdu, skutečně

wo - kde

Woche (F) - týden

wohnhaft - bydliště, žijící

wollen - chtít

wollte - chtěl

Wort (N), die Vokabel - slovo, slovíčko; die Wörter, die Vokabeln - slova, slovíčka

wunderbar - úžasný

wunderschön - krásný

wusste - věděl

wütend - naštvaný; zlostně

Zebra (N) - zebra

zehn - deset

zehnter - desátý

zeigen - ukázat

zeigte - ukázal

Zeit (F) - čas

Zeitschrift (F) - časopis, magazín

Zeitung (F) - noviny

Zentrum (N) - centrum; das Stadtzentrum - centrum města

zerstören - zničit

ziehen - tahat, (za)táhnout

ziemlich - docela, vcelku, celkem

Zimmer (N) - pokoj; die Zimmer - pokoje

zittern - třást (se)

Zoo (M) - zoo

Zug (M) - vlak

Zuhause (N) - domov; nach Hause gehen - jít domů

zukünftig - budoucí

zurück - zpět, zpátky

zusammen - spolu

zwanzig - dvacet

zweimal - dvakrát

zweiter - druhý

zwischen - mezi

zwölf - dvanáct

Buchtipps

Das Erste Tschechische Lesebuch für Anfänger

Band 2

Stufe A2

Zweisprachig mit Tschechisch-deutscher Übersetzung

Dieses Buch ist Band 2 des Ersten Tschechische Lesebuches für Anfänger. Das Buch enthält einen Kurs für Anfänger und fortgeschrittene Anfänger, wobei die Texte auf Deutsch und auf Tschechisch nebeneinander stehen. Die dabei verwendete Methode basiert auf der natürlichen menschlichen Gabe, sich Wörter zu merken, die immer wieder und systematisch im Text auftauchen. Sätze werden stets aus den im vorherigen Kapitel erklärten Wörtern gebildet. Die Audiodateien sind auf www.lppbooks.com/Czech/index_de.html inklusive erhältlich.

www.ingramcontent.com/pod-product-compliance
Lightning Source LLC
Chambersburg PA
CBHW080342170426
43194CB00014B/2656